中国における商標権と
先行著作権

──事例による日中比較研究──

段 曉梅【著】

但見 亮・王 熠【訳】

成文堂

原著者 はしがき

　知的財産権の抵触とは、同一又は類似する対象に、二種類及びその以上の異なるタイプの知的財産権が発生することによって、互いに利益の抵触が発生することをいう。例えば、商標は、文字、アルファベット、図形、標識、立体的形状、色彩の組合せからなるものが多いが、商標標識の設計が表現方式上の独創性を有する場合には、商標標識それ自体が著作権によって保護を受ける可能性がある。このような標識の著作権が、同一又は類似した標識の商標権と異なる権利者に帰属する場合、権利の抵触が生じかねない。大陸法、英米法を問わず、知的財産権におけるこのような抵触問題を対処する上での原則は、先行権利を保護することである。ただし、国によって具体的な法制度に違いがある。

　中国は、1993 年「中華人民共和国商標法実施細則」（工商行政管理局令第 14 号、1993 年 7 月 28 日より施行、現廃止）において、他人の適法な先行権利を侵害した登録商標について、いかなる者も、その商標の登録前に商標局に異議申立を提出でき、或いはその登録後に商標局傘下の商標評審部門（以下「商標評審部門」という）に無効宣告審判を申立てることができる旨の規定を初めて設けた。著作権はその先行権利の一つである。2001 年に「中華人民共和国商標法」（主席令第 59 号、2001 年 12 月 1 日より施行）の改正法が施行され、同法第 31 条（現行の「商標法（2019 年改正）」第 32 条と同様、なお、別段の記載がない場合、下記でいう中国「商標法」はすべて 2019 年改正「商標法」を指すものとする）には「商標登録出願は、他人の既存する権利を侵害してはならない。」と明確に規定された。この条文によって、先行著作権者の許可を得ずその著作物を商標として登録出願を行う行為は、他人の先行著作権利に対する侵害と認定され、当該商標の登録が許可されず、或いは無効宣告されることとなる。

　一方、日本「商標法（2022 年施行）」第 29 条の規定によると、商標権者、

ii

専用使用権者又は通常使用権者は、指定商品又は指定役務についての登録商標の使用がその使用態様によりその商標登録出願日以前の出願に係る他人の特許権、実用新案権若しくは意匠権又はその商標登録出願日以前に生じた他人の著作権と抵触するときは、指定商品又は指定役務のうち抵触する部分についてその態様により登録商標の使用をすることができない。

　商標権と先行権利との抵触問題に関しては、各国の法制度、理論、見解及び処理方法がそれぞれ異なるが、一衣帯水の隣国である日本と中国の知的財産権関連法制度においては、多くの基本概念が共通しているため、本書に記載されている法律規定、学説、及び実際の事例については、日中両国のものに限ることとする。

　筆者の長年にわたる商標評審の実務経験から見れば、多くの案件の争点は、係争商標が他人の現有している先行著作権を侵害するか否かという問題である。そのため、本書は筆者の商標審査における実務経験を踏まえて、次の順に沿って、具体的な案件に対する検討と理論的分析を交えて展開する予定である。

　第一に、全書の背景と基礎資料として、商標権及び著作権に関する基本概念を紹介し、両者の異同と対比に基づき、両者の抵触に関する内在的原因、制度上の原因、及び外部的な要因を検討した上、両者の抵触問題を解決する法的根拠を究明する。

　第二に、日中両国の法制度における本課題に対する解決方法について、立法論理、行政と司法との関係、法律の適用範囲、行政による無効手続、商標権の保護等の観点から比較法的分析を展開する。

　第三に、本書の第三部分には、理論と実務を交えて展開し、具体的な事例に対する検討を通じて、知的財産関連法律のいくつかの基本原則を釈明し、商標審査審理実務における判断基準を検討する。また、商標審査審理実務で議論になりやすい問題点に対して、実務上の対処方法を要約し、様々な論点を分析したうえ、解決策を提案する。

　第四に、本書の第四部分には、架空のキャラクターの名称、作品のタイトル及びキャッチコピーなどの代表的な対象について、著作権の保護、商標登

録の可能性、商標審査審理実務に関する問題という三つの観点から検討する。

　本書は、筆者の個人的な経験に基づき、中国現行法の下で商標評審事件の審理における問題の解決に重点を置く。本書の最後では、商標権と先行著作権との抵触問題をいかに慎重かつ妥当に解決するかについて、筆者個人の見解を述べるとともに、先行著作権者や商標権の真の権利者がいかに自分の権利を保護するかについて、中国商標審査審理の従事者としてのアドバイスを提示する。

　筆者の中国での商標権審議における経験やノウハウを惜しみなく説明する心がけた本書が、知財部の方にとって中国での商標権利化手続きにおいて著作権と抵触の問題解決に少しでも役に立つことができたら幸いである。

2024 年 2 月

段　　暁梅

中国（法）学者の独り言——はしがきに代えて

　日中国交回復から半世紀、その交流に携わってきた人々には、「政冷経熱」の現状に遺憾を覚えつつも、それが徐々に改善と発展の道筋を辿る、との思いが見られていた。それは「一衣帯水」という物理的（または精神的）な距離の近さとともに、何より「経熱」（経済的相互依存）の加速的進行による交流そして理解の深まりが、双方の社会そして人々の幅広く強固な関係の礎となる、という楽観的な未来予想図によるものであった。

　米中貿易摩擦からコロナ禍（及びその後）のディカップリングの波の中で、今や「政」だけでなく「経」まで「冷」へと向かう様相を見るにつけ、我々の認識の甘さと、「政」を含む広く深い関係の不在、という問題を再認識せざるを得ない。とは言え、冷静に観察すれば、そこには「政」だけではなく、むしろ「経」における信頼と理解の不足、という問題も見いだされる。日本の企業や個人には、中国でビジネスを行うことへの不安、とりわけ「法治」への不信が根強く見られるのである。就中、日本の人気キャラクターやロゴなどの（悪意的な）商標利用は、その視覚的インパクトと共感想起性において象徴的と言えるものであり、そこでの法適用ないし法的処理は強い関心を惹起している。

　本書の著者である段暁梅氏は、長く中国の商標局審査官として、文字通り商標審判の最前線で問題を処理し、紛争の解決にあたってきた人物である。同時に、彼女は商標業務に係る諸法規の具体的な運用とその解釈においても重要な役割を果たしており、その経験と知識が凝縮したものがまさに本書、ということになる。

　つまり本書は、中国の主管機関において、商標に係る諸問題がどのように理解され、典型的な紛争に対してどのような判断が行われるのか、ということだけでなく、これら実務に係る法規の含意と適用の可能性、ひいては今後の動向について、正にその判断者ひいては作成者自身の見方を知ることがで

vi

きるものであり、外からの観察では得難い非常に貴重な情報ないし視点を提供するもの、ということができる。

　加えて、段氏は世界知的所有権機関の訪問学者として東京に滞在するなど、日本の法学・実務にも造詣が深く、とりわけ中国の商標実務への日本の見方について熟知している。それは本書が中国側の知識や理解の紹介にとどまらず、日本の多様なニーズと理解にも対応することを保証するもの、ということができるだろう。

　このような本書が、実務的そして学術的見地から高い価値を有することは言うまでもないが、広く中国に関わる者としては、本書が日中の「経熱」に安心と信頼をもたらすとともに、両国の関係の改善と発展を支える重要な礎となることを願っている。

令和 6 年春

但見　亮

序

　今年の立春の頃に、著者の「商標権と先行著作権との権利抵触」が日本で出版されると聞いて、喜びに堪えません。本書が 2012 年に中国で出版された時、私はすでに拝読して、非常に多くの利益を得たことを深く感じました。本書は、商標権と著作権との間の権利抵触及びその合理的解決に焦点を当て、この知的財産権法律分野の焦点、難点について、中日の法律制度を比較研究した上で、中国の商標権利付与・権利確定手続の角度から系統的な分析を展開しました。

　本書著者である段暁梅氏は 1997 年に大学を卒業して旧国家工商行政管理総局に入社してから現在に至るまで、ずっと商標審判業務に従事しており、「中国商標法」の立法、審判実務について深く理解しています。また、数万件の評議・審理の実践を踏まえて、学理の角度から深く考えられていました。2013 年〜2014 年、暁梅氏は「中国商標法」第三回改正及びそれに伴う「商標法実施条例」、「商標審判規則」の改正作業に携わり、2020 年〜2021 年、評審審理基準改正調整グループの副組長として「商標審査審理指南」の改正に携わりました。暁梅氏はまた、実践と思考の蓄積による所得を実務界、理論界に分かち合い、長年にわたり筆をふるっており、その見解は独立しており、鋭く、精緻です。暁梅氏は、全国小中学校知的財産教育モデル教材、「商標法の理解と適用」、「全国知的財産専門技術資格試験補習教材」、「米国意匠保護」等の書籍の編纂に参与し、英文知的財産権の名著「地理的表示法の再構築」を他人と協力して翻訳したことがあります。また、中国語と英語で「中華商標」、「知的財産権管理」、知産力等の専門誌又はニューメディアに掲載されており、的確な観点と鋭い言葉で業界内で話題になっている記事もあります。

　本書は、暁梅氏が 2010 年 4 月から 9 月までの半年間にわたって東京に赴き、世界知的所有権機関（WIPO）の訪問学者プロジェクトに参加していた

viii

間の研究成果であり、その交流の機会を通じて、中日商標法に関する比較研究を深く展開し、英文研究報告を提出しました。その後、暁梅氏は中国における商標の実務上の問題点を解決する観点から報告書の内容を編集・補充し、中国語版「商標権と先行著作権との権利抵触」を出版しました。

　本書の研究成果は、理論と実践を融合しており、学術的な専門性を持つと同時に、実務においての指導的な意義もあります。長年にわたって、他人の作品の題名、作品のキャラクター名又はキャッチコピーを商標として登録出願することによって引き起こされる商標権と先行著作権との間の権利抵触案件は枚挙にいとまはなく、往々にして盛んに議論されます。本書は、商標権と先行著作権との権利抵触という類型化された問題について、当時の法律法規、司法解釈を枠組みに、関連する国際条約と外国の法律を照らし合わせ、異なる学術的観点を参考にしながら検討したものです。特に注目すべきは、著者が長年の実践経験に基づいて、豊富な実際の判例を選び、異なる観点からの要約と分析に基づいて整理し、詳細で操作性のある実務情報を提供しました。

　本書は日本に芽生え、十数年後に、日本で再び花を咲かせることになるだろう。「商標権と先行著作権との権利抵触」という本の日本での出版は、中国における商標評審実務を解釈すると同時に、著者の理論と実践を結びつけた研究成果を共有し、日本の読者に異なる角度からの思考と啓示をもたらすことができると信じています。

　謹んでお慶び申し上げます。序として。

2024 年春　上海

孔祥俊

目次

原考者 はしがき　i

中国（法）学者の独り言——はしがきに代えて　v

序　vii

第一章 商標権と先行著作権との抵触の基本分析 ……………… 1

1.1 商標と商標権 ………………………………………………… 1

1.2 著作物と著作権 ……………………………………………… 2

1.3 商標権と著作権との対比分析 ……………………………… 3

1.4 商標権と著作権と抵触する通常のパターン ……………… 10

1.5 抵触の要因について ………………………………………… 12

1.6 権利抵触の解決の法的根拠 ………………………………… 14

1.7 先行権利の保護に関する法理 ……………………………… 18

第二章 商標権と先行著作権との抵触問題の解決方法に関する 日中法制度の比較 ……………………………………… 21

2.1 中国法における商標権と先行著作権との抵触問題の解決方法… 21

2.2 日本法における商標権と先行著作権の抵触問題の解決方法… 33

2.3 比較分析 ……………………………………………………… 40

第三章 先行著作権との抵触に係る商標評審事件の審理基準… 47

3.1 判定基準：著作権に対する侵害判定（商標権ではない）…… 47

3.2 著作物性の判定 ……………………………………………… 48

3.3 著作権の帰属及びその証明 ・・・・・・・・・・・・・・・・・・・・・・・ 57

3.4 著作権侵害判定の原則：接触並びに同一又は実質的に類似 ・・・・ 63

3.5 その他の要因 ・・・・・・・・・・・・・・・・・・・・・・・・・・・・・・・・・・・ 70

3.6 合理的抗弁 ・・・・・・・・・・・・・・・・・・・・・・・・・・・・・・・・・・・・・ 71

第四章 実務における代表的な権利抵触問題の検討 ・・・・・・・・・ 77

4.1 架空のキャラクターの名称 ・・・・・・・・・・・・・・・・・・・・・・・・・ 77

4.2 作品のタイトル ・・・・・・・・・・・・・・・・・・・・・・・・・・・・・・・・・ 86

4.3 キャッチコピー ・・・・・・・・・・・・・・・・・・・・・・・・・・・・・・・・・ 89

第五章 再考と提案 ・・・・・・・・・・・・・・・・・・・・・・・・・・・・・・・・・・ 93

5.1 抵触問題解決の原則についての再考 ・・・・・・・・・・・・・・・・・・ 93

5.2 真の権利者へのアドバイス ・・・・・・・・・・・・・・・・・・・・・・・・ 96

資料 中国における商標の評審制度について ・・・・・・・・・・・・・・ 101

（1）商標評審手続が適用される事件種類及び請求の法定期間 ・・ 102

（2）商標評審手続に関する提出書類 ・・・・・・・・・・・・・・・・・・・ 106

（3）商標評審手続の審理 ・・・・・・・・・・・・・・・・・・・・・・・・・・・ 109

（4）登録商標の終了 ・・・・・・・・・・・・・・・・・・・・・・・・・・・・・・ 117

参考文献 ・・ 121

第一章　商標権と先行著作権との抵触の基本分析

　本章ではまず、本課題研究の背景及び基礎資料として商標権及び著作権の基本概念について簡単に説明をする。そのうちのいくつかの概念については、後続の章節において実際の判例を踏まえて更に検討していく。

1.1　商標と商標権

　商標権の概念を正確に把握するため、まず商標に関する中核的な概念を理解する必要がある。

　中国商標法（2019年改正）第4条では、「自然人、法人その他の組織が生産・経営活動において、その商品又は役務について商標専用権を取得する必要がある場合には、商標局に商標登録を出願しなければならない」と規定されている。また、同法第8条では、「自然人、法人その他の組織の商品と他人の商品とを区別できるいかなる標識[1]（文字、図形、アルファベット、数字、立体的形状、色彩の組合せ及び音声等、並びにこれらの組合せを含む）は、いずれも商標として登録出願することができる」と規定されている。

　一方、日本商標法（2022年施行）第2条では、「この法律で『商標』とは、人の知覚によって認識することができるもののうち、文字、図形、記号、立体的形状若しくは色彩又はこれらの結合、音その他政令で定めるもの（以下「標章」という。）であって、次に掲げるものをいう。一、業として商品を生産し、証明し、又は譲渡する者がその商品について使用をするもの。二、業として役務を提供し、又は証明する者がその役務について使用をするもの（前号に掲げるものを除く。）」と定義されている。

　上記の規定から分かるように、中国と日本の商標法はいずれも商標の定義

　1）　中国商標実務では、「標章」について「標識」（中国語：标志／标识）と呼ばれる場合も多い。「標章」と「標識」は実質的に同義と考えられる。

について、特定の工商業分野において用いられる識別性のある文字、図形、アルファベット、数字、立体的形状及び色彩又はこれらの組合せ等の標章と規定している。商標の本質は識別性にあり、つまり商品又は役務の出所を区別する機能にある。すなわち、ある標章が特定の商品又は役務と結びつくことによって、消費者が特定の商品又は役務の出所を識別できるようになってこそ、このような標識を「商標」と呼ぶことができる。商標権というのは、上述の識別機能のある標章に対する権利であり、これには、主に専用権、収益権、処分権及び禁止権（権利侵害の禁止）等が含まれる。このうち最も基本的なのは、指定商品又は役務における登録商標の専用権である[2]。

1.2　著作物と著作権

「著作権」の概念を正確に把握するため、まず「著作物」の概念を正確に理解する必要がある。

「中華人民共和国著作権法実施条例」（2013年改正）第2条では、「著作権法でいう著作物とは、文学、芸術及び科学の分野において独創性を有し、かつ、ある有形的な形式で複製できる知的活動の成果をいう。」また、第3条では、「著作権法でいう創作とは、文学、芸術及び科学の著作物を直接に作り出す知的活動をいう。」と規定されている。

一方、日本著作権法（2022年施行）第2条第1項では、「著作物とは、思想又は感情を創作的に表現したものであって、文芸、学術、美術又は音楽の範囲に属するものをいう」と規定されている。

上述の規定から分かるように、「著作物」の本質は独創性にあり、すなわち、文字、音符、色彩又は形状等の要素に対して独創性のある選択や配置にある。「知的所有権の貿易関連の側面に関する協定」（TRIPS協定）第2部「知的所有権の取得可能性、範囲及び使用に関する基準」における第1節「著作権及び関連する権利」第9条2項[3]では、「著作権の保護は、表現されたものに及ぶ

---

2)　中国では、登録された商標のみ専用権が発生するため、ここでの「商標権」は厳密には登録制度における登録商標に係る権利を意味する。また、特段の記載がない限り、本書における「商標権」は登録されている商標を指す。

ものとし、思想、手続、運用方法又は数学的概念自体には及んではならない。」と
規定されている。そのうちの「表現されたもの」は、独創性のある形式の表
現方法と理解するものとする。

　大陸法系の国において、著作権は財産的権利と著作者の人格的権利を含
む。また、英米法系の国においては、著作権というものは主に財産権を指し
ている。これは語源学の観点から解釈することができる。「著作権」の英語
「copyright」は、「copy」と「right」との二つの単語から組み合わせられた
ものと理解することができる。そのうち「copy」は「複製」を意味し、これ
は著作権における各種財産的権利の基礎である。また、「著作権」のフラン
ス語「droit d'auteur」は、「droit」と「auteur」との２つの単語から組み合わ
せられたものと理解することができる。そのうち「droit」が「権利」を意味
し、「auteur」が「著作者」を意味している。以上から分かるように、
「droit'auteur」そのものは、著作者が人格的権利を享有できるという意味合
いを含んでいる。したがって、大陸法系又は大陸法系の影響を受けた国にお
いて、著作権は著作権者の財産的権利や利益だけでなく人格権も含んでい
る。中国著作権法における著作権者の人格権には、主に公表権、署名権（氏
名表示権）、修正権、同一性保持権が含まれる。一方、著作権者の財産権は
大陸法系でも英米法系でも概ね同様の内容を有している。財産権には大きく
分けると使用権と報酬取得権があり、具体的には複製、貸与、実演、放送、
展示、発行、映画若しくは録画の製作、又は翻案、翻訳、注釈、編集等の方
法により、著作物の使用又は他人に使用許諾を与える権利及びこれにより報
酬を得る権利を含む。

1.3　商標権と著作権との対比分析

　以上のように、商標権と著作権は異なる性質を有する２種類の権利ではあ
る。しかしながら、１つの商標のデザインが創作性を有する場合、このよう
な商標そのものが創作された著作物として、同時に著作権法の保護対象とな

３）　日本特許庁 https://www.jpo.go.jp/system/laws/gaikoku/trips/chap3.html#law9
　（なお、以下 URL についてはいずれも 2024 年 2 月 23 日に最終閲覧）

4

り得る。そのため、この場合には商標権と著作権とが重なることになる。

1.3.1 商標権と著作権の違い

　商標権と著作権との主な相違点は次の通りである。

　第一に、両者の根拠となる法律の制定目的が異なる。中国商標法（2019年改正）の制定目的は同法第1条に示されており、すなわち、「商標に対する保護を通じて生産者及び経営者に商品と役務の品質を保証させることを促し、商標に係る信用を維持して保護することにより、消費者の利益の保障及び経済の発展に寄与する」と規定されている。一方、中国著作権法（2020年改正）の制定目的は同法第1条に示されており、すなわち、「文学、芸術及び科学的著作物の著作者の著作権並びに著作権に隣接する権利・利益を保護することによって、著作物の創作と伝達を奨励し、文化と科学事業の発展に寄与する」ことにある。そのため、商標権は工業所有権に属し、その目的は使用者の利益に対する保護を通じて、正常な競争秩序を維持するための権利である。一方、著作権は文学的芸術的所有権に属し、その目的は表現の自由を保障することにより、社会・文化の進歩と民主主義を促進するための権利である。著作権法の社会性は、知的成果の公開と伝達、並びに長期的な独占に対する規制に表れている。一方、商標法の社会性は、商標の専用権を与えることによって、商標権者に独占的地位及び競争の優位性を獲得させることに表れている。したがって、商標は最も普遍的かつ直接的な競争手段の1つと思われる。

　第二に、両者の権利の客体が異なる。商標権の客体は商標であり、一般的に文字、アルファベット、図形、標識、立体的形状、色彩の組合せ及び音声等で構成されており、商品又は役務の出所を表示するための標識である。著作権の客体は著作物であり、文学、芸術、自然科学、社会科学、産業技術等の分野における各種著作物が含まれる[4]。このうち、美術の著作物は、絵

4）　中国著作権法（2020年改正）第3条では具体的に、「(1) 文字による著作物、(2) 口述による著作物、(3) 音楽、演劇、曲芸、舞踊、サーカス芸術の著作物、(4) 美術の著作物、建築の著作物、(5) 写真の著作物、(6) 視聴覚著作物、(7) 工学・建築設計図、製品設計図、地図、見取図等の図形の著作物及び模型著作物、(8) コンピュータソフトウェア、(9) 著作物の特徴を持つその他の知的成果」と規定されている。

画・書道・彫刻など、線・色彩その他の要素で構成される美的価値を有する平面又は立体の造形美術の著作物である。このような著作物は美的価値を持つだけでなく、往々にして商品や商品の包装、又は役務の提供に必要な物品に取り付ける標識として用いられ、商品又は役務の出所を識別する機能を発揮している。このような場合、係る著作物は商標として使用することができる。

第三に、両者の客体の本質が異なる。著作権の客体の本質は独創性[5]にある（これについては以下3.2.1にて実際の事例を踏まえて詳述する）。商標権の客体の本質は自他識別性であり、すなわち、商品又は役務の出所を表示・区別するという識別機能にある。商標法では商標に係る独創性が求められていないが、商標がユニークなデザインにより独創性を持つようになった場合、それに内在する固有の顕著性を高めることに役立ち、知名性を有すると認定されやすくなると期待される。

第四に、両者の価値が異なる。著作権の価値は主に著作物自体に表現された思想や表現方法にあり、すなわち、著作権法は独創性のある知的成果を保護している。一方、商標法の保護対象である商標は知的成果である必要がなく、商標権の価値は商標そのものではなく商業的信用の積み重ねにある。ある標識が実際の取引で使用されていなければ、このような標識は商標ではなく、ただのシンボル（符号）にすぎない。商標権は実際の使用によって特定の商品又は役務との関連性が形成されてこそ、その価値として商業的信用に表れることができる。

第五に、両者の内容が異なる。著作権の内容は財産権だけでなく、著作者の人格権も含んでおり、これは著作者に係る権利の体系という独特な内容の表れであり、著作権法の構造に影響している。商標権の内容は財産権に関わるものしかなく、これは工業所有権としての本質の表れである。

第六に、両者の権利の効力が異なる。著作権者は、他人が許諾を得ることなく著作物を無断で利用することを禁止する権利を有するが、他人が独立し

5）　中国著作権法でいう「独創性」は、「オリジナリティ」を意味し、日本著作権法での「創作性」に相当する。

て創作した著作物が先行著作権者の著作物と同一であるか又は類似する場合、先行著作権者は、他人が独立に創作した著作物に係る著作権を享受させることを禁止する権利はない。すなわち、著作権者がその著作物に基づいて有する禁止権は、その使用権の範囲を超えることができない。一方、商標権は著作権とは異なり、その禁止権の範囲は使用権の範囲を大きく超える。つまり、使用権は登録商標においてその指定商品にのみ及ぶのに対し、禁止権の及ぶ範囲は登録商標と同一又は類似する商標において指定商品と同一又は類似する商品にまで拡大される。商標権の効力範囲は、商標権者に与える指定商品又は役務における専用権だけにとどまらない。すなわち、先行商標の存在により、他の者が同一又は類似する商品又は役務について同一又は類似する商標の登録出願は拒絶されることになる。これにくわえて、他人が同一又は類似する商品について同一又は類似する商標を使用すれば権利を侵害することになり、商標権者は係る侵害行為の差止と損害賠償を請求することができる。

　第七に、両者の権利の取得方法が異なる。中国では日本と同様に、商標登録出願制度が採用されている。すなわち、商標に対する保護を受けるには、特定の行政機関に対して願書その他必要書類を提出しなければならない。また、商標登録出願に関する審査を経て、法律の規定に合致した場合にのみ、商標権の登録が公告・許可される。このような登録出願制度は商標に対する排他的独占権の対価といえる。しかし、著作権の取得には、登録出願や登記などの手続は一切不要であり、著作権は当該著作物が完成した時点で自動的に発生するため、当該著作物が公表されたか否かは権利の発生、取得に何らの影響も持たない。中国と日本には著作権登録制度があるが、著作権を登録するか否かは著作権の権利取得とは関係がない。日本著作権法（2022 年施行）第 75 条ないし第 78 条では、著作権者の実名、第一発行年月日、創作年月日、著作権等の事項の登録及び具体的手続きについて詳細な規定を設けている。一方、中国では著作権法には著作権登録に関連する条文はないが、国家版権局が定めた部門規定にて著作物の任意的登録手続に関する規定を設けている。著作権登録を行うか否かは、著作権の保護に対して実質的な影響を

与えるわけではないが、著作権登録は依然として有益なものである。例えば、著作権に関する紛争において、著作権登録は著作権の帰属を確定するための根拠となり得る。

　第八に、両者の権利保護期間が異なる。中国では、著作権の存続期間は著作物の完成時から起算し、著作者の氏名表示権、修正権、同一性保持権等の著作者人格権の権利保護期間は無期限とされる。一方で、公表権、使用権及び報酬取得権の権利保護期間は、法律に別段の定めがある場合を除き、一般的に著作者の生涯またはその死後50年まで（共同著作物の場合、最後に死亡した著作者の死亡日から起算して50年が経過した年の12月31日まで）である。著作権はある意味で一度限りの権利であり、期限の更新ができない。著作権の権利保護期間が満了すると、著作物は公有に帰する。一方、商標権の権利保護期間は登録日から起算して10年までであるが、更新が可能である。一度更新すれば、権利保護期間は10年間延長され、かつ更新の回数に制限はない。言い換えれば、権利者がその商標の使用をずっと継続するとした場合、更新手続きを行えば、その商標権の権利保護期間を無限に延長することができるため、商標権は事実上永久の権利といえる。著作権の権利保護期間が制限される主な理由は著作権法の立法目的にある。もし著作権が長期間にわたって存続する権利とすると、かかる著作物が長期にわたって独占されてしまい、公衆による著作物の利用が阻害され、さらに文化・芸術の伝播や科学技術の進歩が阻害されることになる。一方、著作権者の権利保護期間が短すぎると、著作者の知的労働に対する報奨及びインセンティブが不十分になり、創作的活動が促進されず、次第に社会の進歩と発展を阻害することになる。そのため、著作者と社会公共利益のバランスをとるため、著作権には適切な権利保護期間が必要である。

　第九に、両者の権利制限の目的が異なる。著作権者がその著作物に基づく禁止権は、その使用権の範囲に留められるほか、一定の制限を受けている。日本著作権法（2022年施行）第35条ないし第59条は、著作権の権利制限について詳細に規定しており、中国著作権法（2020年改正）第24条と25条も同様の規定を設けている。中国の著作権法における著作権の制限規定は、主

8

に合理的使用[6]とその他の法律や行政規定が定める複数の場面での使用を含む。合理的使用には、個人が学習、研究又は鑑賞するために、他人の既に公表された著作物を使用する場合、時事ニュースを報道するために、やむを得ず新聞等の媒体において他人の既に公表された著作物を再現又は引用する場合、図書館等が陳列又は保存のためにその所蔵する著作物を複製する場合、屋外の公共場所に設置又は陳列されている美術の著作物について私的利用のために模写、写真撮影、録画する場合等が含まれる。一方、商標権の権利制限には、主なものとして、説明するための合理的使用、記述するための合理的使用、善意の先行使用による合理的使用等が含まれる。例えば、登録商標において当該商品の一般名称、図形、モデル、又は当該商品の品質、主要原材料、機能、用途、重量、数量その他の特徴を直接的に示す部分または地名が含まれた場合、商標権者は他人による正当な使用を禁止することができない。以上から分かるように、著作権と商標権では権利制限規定の目的が異なっており、著作権に対する権利制限の主眼は公共利益の実現を保障することにあり、商標権に対する権利制限の場合は商標的使用でない使用行為を排除することにある。

1.3.2　商標権と著作権との共通点

　商標権と著作権の間では多くの相違点が存在している。著作権は一般的に工業所有権の範疇には属さないものの、両者とも知的財産権であることから、商標権と著作権の間ではいくつか共通点が存在している。

　第一に、両者は知的財産権として共通の内在的特徴を有することである。通説によれば、知的財産権には、（1）無形性、（2）排他性、（3）複製可能性、（4）地域性、及び（5）期間限定性等の特徴があるとされる。（1）無形性について、確かに著作物は有形物を通じて表現されなければならないが、

6）　中国「著作権法（2020年改正）」第24条1ないし13項に規定されている「合理的使用」は、米国著作権法第107条に係る「フェアユース」規定、又は日本「著作権法（2022年施行）」第30条ないし第50条に関する「著作権の制限」と同様な機能を有する。

著作権それ自体は無形のものである。すなわち、著作権者は著作物たる有形物を占有するのではなく、無形の権利を所有する。著作権という権利の境界線は、その占有された物によって画定されているわけではないため、その権利の境界線は明確ではない。商標権も同様である。そのため、知的財産権は他人に利用されたとしても、有形物のように損耗することはない。いわば、一つの知的財産権は複数の者に同時に使用されることができる。よって、本書の冒頭で述べたように、一つの客体上に二種又はそれ以上の知的財産権を観念できることから、権利の抵触及びその背後にある利益の抵触が生じる可能性がある。(2) 排他性について、1.3.1 の権利の効力の違いについて論じた部分で述べたように、知的財産権の権利行使は独占的な性質を有する。同一又は類似する権利の客体に対して、他のいかなる者もこのような独占性を尊重しなければならない。いわば、著作権と商標権を含む知的財産権は排他性を有する権利である。(3) 複製可能性について、著作権の客体たる著作物は一定の有形の方法で複製できるものであり、複製は各種財産的な支分権を実現する基礎である。商標権の客体、すなわち商標の標識は、一定の有形の方法で複製されてはじめて、商品、商品の包装又は役務と関連する物品に貼り付けることができる。(4) 地域性について、知的財産権は様々な国や地区における法制度によって確立されている以上、その効力は当然、係る法律の効力が及ぶ地域に限定されるべきである。一方、他の国家や地区での保護を求める場合には、保護の範囲、救済の方法等については、当該知的財産権が発生した国の法律ではなく、保護を求める目的国の法律を適用すべきである。(5) 期間限定性について、知的財産権は特定の法制度によって生じるものであり、係る有形物への占有によるものではない。したがって、1.3.1 の権利保護期間の違いについて論じた部分で述べたように、物が存在する期間を権利保護期間の限度とする物権とは異なり、知的財産権の権利保護期間は法律によって人為的に設定されるものである。

　第二に、両者は共通の外在的表現形式を有することである。著作物は著作者の思想感情を表現したものであり、多様な創作的な形式を通じて表現されてはじめて、他者によって感知されることができる。商標標識そのものは一

種の表現形式である。現在、多数の国で商標の構成要素として認められているのは、文字、アルファベット、図形、数字、立体的形状、色彩の組合せ等を含む視覚的な標識である。したがって、最も多く見られる商標権と先行著作権との抵触問題とは、商標の標識と他人の美術の著作物とが同一又は類似していると指摘される場合である。美術の著作物は、線、色彩又はその他の方法で構成される平面又は立体の芸術品をいう。もしある商標標識のデザインがユニークで視覚的な美学性が認められれば、その内在的な顕著性も次第に高まる。そのため、標章と著作物の外在的表現形式上の共通性は、両者が共有する美学的機能及びその背後にある創作的知的労働の表れである。このような表現形式に共通点があることから、商標標識はしばしば同時に著作権の客体になりうる。また、このように性質の異なる二つの権利が異なる権利主体に属する場合に、権利の抵触は避け難い。実務における商標権と先行著作権との抵触の一般的な類型については、次章で説明する。

1.4　商標権と著作権と抵触する通常のパターン

1.4.1　美術の著作物と図形商標

　単純すぎる線、一般的な幾何学的図形及び常用的標識のみからなる図形商標を除き、図形商標は一般的に、商標出願人又はその委託者によってデザインされたものである。したがって、創作的な知的成果として、このような図形商標は同時に著作権法上の美術の著作物に該当する可能性がある。実務において、一部の委託創作契約書では成果物の権利帰属に関する約定がないため、著作権と商標権とがそれぞれ異なる主体に属することになり、二つの権利の抵触が生じることがある。

1.4.2　書道作品と文字商標

　書道作品も著作物の一つの形式であり、それは創作的な方法で書道家の思想と感情を表現したものであるため、知的労働によって形成された文芸的成果に属する。一方、文字商標は漢字、アルファベット、数字などによって構成されるものであり、かつ文字の種類やフォントなどの表現形式に制限がな

第一章 商標権と先行著作権との抵触の基本分析 *11*

い。そのため、書道作品も商標として使用できることから、他人の書道作品を商標として登録する場合には、権利の抵触が生じることがある。

1.4.3 屋外の公共場所における美術の著作物と商標

1.3.1 権利制限の目的の違いについて論じた部分で述べたように、屋外の公共空間に相当長い期間にわたって設置されている美術の著作物については、私的使用のための模写又は写真撮影が許可されている。模写又は写真撮影については、その作品をそのまま再現した（三次元から二次元に複製した）だけで、新しいオリジナルのものが創り出されない限り、新しい二次的著作物には該当しない。この場合に、著作権者の許諾を得ることなく係る写真や模写したものを商標として登録出願を行った場合、このような著作物に係る著作権と平面商標に係る商標権との抵触が生じることになる。

ここまで見てきた一般的な状況のほかにも、応用美術と商標との権利抵触も起こりうる。応用美術とは、手作りの工芸品や工業規模の量産品など、実際の使用のために創作された美術作品または完成後に実際に使用できる美術作品のことをいう。応用美術は二重の属性を持っており、美術の著作物と捉えることができる。他方、とりわけ工業規模で量産できる実用品として用いられた場合、このような作品の開発と使用は特定の芸術活動としてではなく商工業として行われていることから、当該作品に係る著作権と工業所有権が重なる。応用美術の成果物が著作権法上の著作物に該当するか否かはその創作の目的とは関係がない。ある応用美術作品について、視覚上の美的価値が認められれば、著作権法の保護が受けられる。また、工業所有権法に係る登記や登録の要件を満たせば、工業所有権の保護が受けられる。いわゆる工業所有権の保護というのは、ある作品は大規模の工業生産に使用できるものであれば、意匠権の範囲に入り、くわえて、使用によって顕著性を持つようになれば、商標法又は不正競争防止法の保護が受けられるということである。したがって、このような著作権の保護を受けられる工業上のデザインについては、著作権と商標権との抵触以外に、著作権と意匠権との抵触や意匠権と商標権との抵触が生じる可能性もある。

「ベルヌ条約」（「文学的及び美術的著作物の保護に関するベルヌ条約」）第2条第7項によると、応用美術について著作権法の保護を与えるか又はその他の工業所有権法の保護を与えるかについて、本条約の加盟国の法令の定めるところによるとされている。中国では、応用美術について「専利法」における意匠権の保護を受けることができると規定されている。応用美術は著作物であろうか、意匠であろうか、いずれも中国商標法（2019年改正）第32条[7]にいう「既存の権利」に属している。商標評審（商標審判）の実務において、意匠権と商標権との権利抵触に関わる案件も多いが、本書の検討範囲外とする。なお、応用美術についての著作権と商標権との抵触をめぐる商標評審事件は、現在のところは比較的少ない。

1.5　抵触の要因について

1.5.1　内在的要因：商標、著作物、知的財産権の属性

　まず、1.3と1.4の著作権と商標権の比較分析で述べたように、両者は多くの点で緊密に関連している。商標標識及び作品それぞれの内的属性によって、両者の共存が可能になっている。すなわち、著作権として保護されている作品は同時に商標として使用することができ、また、商標標識そのものは著作権の保護対象にもなり得る。

　また、知的財産権の無形性によって権利の境界線が曖昧になるため、権利者にとっては、同一の知的財産が他人によって異なる権利として同時に使用されている状況を直ちに把握することは困難である。

　次に、知的財産権の地域性と期間限定性によって、ある知的財産権の地域

7）　第三十二条「商標登録出願は、他人の既存の権利を侵害してはならない。他人が先に使用している一定の影響力のある商標を不正な手段で抜け駆け登録してはならない」。（同条前段は、出願する商標の既存性（中国語は「在先性」）を重要視する規定である。「既存する権利」（中国語では「在先権利」である）について、商標法には定義されていないものの、「商標審査審理指南」（2021）によれば、「既存する権利」とは、係争商標の出願日前に取得されたその他の権利を指し、商標権、商号権、著作権、意匠権、指名権、肖像権、地理表示その他法律規定が保護すべき合法的な在先権益が含まれるとされている（商標審査審理指南第三章3.2条、第14章）。

的又は時間的な保護範囲は、別のタイプの知的財産権の地域的又は時間的な保護範囲と重なる可能性があり、これによって権利の抵触が生じることになる。とりわけ経済のグローバル化及びインターネットを通じた情報の伝播に伴い、知的財産そのものは即時に国境を越えて伝播するが、知的財産に係る権利は依然として国や地域の制限を受けている。一方、後の権利者は、係る先行権利の権利保護期間の満了前に後の権利を利用しようとした場合、二つの権利の権利保護期間が重なることになる。

1.5.2　制度的要因：法体系や法制定手続に由来する要因

　世界中の大多数の国は、未だに統一された知的財産権の法典を有しておらず、異なる種類の知的財産権に関する個別法（例えば商標法、著作権法など）はいずれも単独に制定されたものである。また、それぞれの個別法の下では、権利の発生や保護条件などについてもそれぞれ異なる具体的な規定があり、これらの法律の規定はしばしば一致していない。中国では、知的財産権における個別法ごとの行政執行権は、それぞれ異なる行政機関に与えられており、かつ法案もそれぞれ異なる行政機関の主導で起草されているため、知的財産法の捉え方が部門ごとに異なり、互いに抵触することになりかねない。著作権と商標権の抵触は、このような法体系や法制定手続の不調和がもたらす抵触の一つと言えよう。

1.5.3　外部の原因：フリーライド行為（知名度への便乗）

　権利抵触の本質は利益の抵触と思われる。知的財産は往々にして経済利益を生み出すことができ、とりわけ知名度が高ければ高いほど、権利者の市場競争における優位性が高まる。ある作品が他人によって商標登録出願される原因は、係る商標権者が先行の作品の知名度に便乗して消費者の購買欲を惹きつけ、その作品の著作権者の経済的利益を奪い取ろうと考えていることにある。

14

1.6　権利抵触の解決の法的根拠

1.6.1　民法典

　中国民法典（2021 年 1 月 1 日より施行）第 5 条及び第 7 条では、民事活動においては、自由意思、公平、及び信義誠実の原則を遵守しなければならない旨が規定されている。この原則は商標法にも反映されており、具体的には、商標登録出願と使用の過程において、出願人や権利者は誠実信用の原則を遵守すべきであり、公共の利益及び他人の利益を侵害してはならない。中国商標法第 3 回改正（2013 年）では、「商標の登録出願と使用においては、誠実信用の原則を遵守しなければならない」という内容が第 7 条として追加された。

1.6.2　商標法

　中国商標法（2019 年改正）は、既存の権利と抵触してはならないことを商標の登録出願の条件と定めているとともに、既存の権利が侵害された場合の無効宣告手続きに関する規定も設けている。同法第 9 条第 1 項では、総括的な条項として、「登録出願する商標は顕著な特徴を有し、容易に識別できるものでなければならず、かつ他人が先に取得した合法的権利と抵触してはならない。」と規定されている。また、同法第 32 条[8]と第 45 条[9]はそれぞれ、実体問題に関する条項と手続きに関する条項として、他人の既存の権利が侵害された場合の無効宣告手続きを規定している。くわえて、同法第 32 条は、商標の異議申立手続及びその再審手続[10]にも適用でき、他人の先行権利を侵害す

8）　脚注 7 を参照。

9）　第四十五条「既に登録された商標が、この法律の第十三条第二項及び第三項、第十五条、第十六条第一項、第三十条、第三十一条、第三十二条の規定に違反した場合、商標の登録日から 5 年以内に、先行権利者又は利害関係者は、商標評審部門に当該登録商標の無効宣告を請求することができる。悪意のある登録であるときは、馳名商標所有者は、5 年間の期間制限を受けない。」

10）　2011 年 9 月 2 日に公布された「中華人民共和国商標法（改正草案意見募集稿）」によると、「中国商標法」第 3 回改正（2013 年）後に、商標局が異議申立なされた商標の登録を拒絶するとの裁定を下した場合に限り、商標評審部門に再審を請求することができる（即ち、不登録決定不服再審である）。

る商標の登録出願が拒否されることになる。

1.6.3 著作権法

　先行権利は特別法の規定に基づいて形成されたものである以上、その保護範囲も係る特別法の規定に基づいて確定されなければならない。例えば、ある図形が著作権法上の著作物に該当するか否か、或いは著作権の帰属をどのように判定するのかといった問題は、原則としては中国著作権法（2020年改正）の規定に従って判断しなければならない。

1.6.4 不正競争防止法

　商標評審部門による商標評審の裁決において、通常は不正競争防止法の関連条項を直接に適用しない。また日本の特許庁審判部による商標案件の審決においても、通常は「不正競争防止法」の関連条項を直接に適用しないが、その他の法律における関連する規定の立法趣旨を参考にすることがある。

　また、公平な競争という市場秩序の維持も中国商標法の制定目的の一つである。知的財産に関連する法律は、知的成果の所有者に対して一種の専属的権利を与えることによって、権利者が独占的な権利を獲得し、競争の優位性を保つことができる。つまり、権利者は、自己の保有する知的財産について他人の不正利用を禁止できることからこそ、その市場競争の優位性をもって公平的な市場競争に導いた結果となる。この観点から、知的財産権に関する法律の立法目的は不正競争防止法のそれと一致していると言える。実際上でも、商標法における多くの条項も不正競争防止法の制定目的やそれに関する考え方を示唆している。さらに、不正競争防止法は、具体的な不正競争行為の列挙と一般的な原則条項とを組み合わせ、知的財産に付加的な保護を与えることもできる。

1.6.5 国際条約

　知的財産権に関連する国際条約は各加盟国における国内法制定の基礎の一つであり、それは同時に加盟国間における知的財産権の相互保護の協調性を

強化することもできる。日中両国とも「工業所有権の保護に関するパリ条約」（以下「パリ条約」という）及び「知的所有権の貿易関連の側面に関する協定」（以下「TRIPS協定」という）などの国際条約の加盟国である。パリ条約第6条の5によると、パリ条約における一つの加盟国において登録された商標は、他の加盟国において、第三者の既得権を害するようなものである場合を除き、その登録を拒絶され又は無効とされることはない、とされる。ここでいう「第三者の既得権」には先行の著作権が含まれる。TRIPS協定第16条では、「登録された商標の権利者は、その承諾を得ていない第三者が、当該登録された商標に係る商品又はサービスと同一又は類似の商品又はサービスについて同一又は類似の標識を商業上使用することの結果として混同を生じさせるおそれがある場合には、その使用を防止する排他的権利を有する・・・そのような排他的権利は、いかなる既得権も害するものであってはならず・・・」と規定されている。同規定にいう「いかなる既得権」には先行の著作権も含まれる。上記の国際条約の加盟国として係る条約に規定されている義務を遵守しなければならないため、このような国際条約の条項は国内法の条項として追加されて適用されるか、又は国内の商標評審案件の審理において直接に適用されることになる。

　日中両国はまた「文学的及び美術的著作物の保護に関するベルヌ条約」（1971年パリ改正版）（以下「ベルヌ条約」という）及び「万国著作権条約」の加盟国でもあり、これらの国際条約の基本原則も商標評審、とりわけ渉外案件の審理における重要な法的根拠である。ベルヌ条約の非加盟国における一部の国は、著作権の発生に一定の形式的な手続的要件を設けている、「万国著作権条約」はこれらの国とベルヌ条約の加盟国との間の架け橋になっている。「ベルヌ条約」の最も重要な原則は、内国民待遇の原則、無方式主義の原則及び独立保護の原則である。

　内国民待遇の原則というのは、すなわち各加盟国は他の加盟国の著作者について自国民と同様の著作権を有することを認めるべきということである。本条約第5条第1項では、「この条約によって保護される著作者は、その著作物の本国以外の加盟国において、その国の法令が自国民に現在与えており又は将来

与えることがある権利及びこの条約が特に与える権利を享有する」と規定されている。内国民待遇には二種類の保護が含まれている。第一に、著作物への保護に関しては、外国人を自国民として同様に扱わなければならないとされている。言い換えれば、ある加盟国を本国とする著作物は、他のすべての加盟国において、その加盟国が自国民の著作物に与える保護と同様の保護を受けられる。第二に、他の加盟国の著作物に対する保護については、本条約の定める最低限の保護を満たさない場合は、本条約の規定に従って保護しなければならない。上記二種類の保護には相違点がある。第一種の保護というのは各加盟国の国内法を指しており、それには著作権法のほかに、民事訴訟法、刑法、刑事訴訟法等が含まれる。各加盟国の著作権法における具体的な規定はそれぞれ異なっているため（例えば、上述のように応用美術については著作権法の保護を与える国もあれば、著作権法ではなく専利法における意匠権の保護を与える国もある）、第一種の保護については国によって大きな違いが生じる。各加盟国が著作物に与える保護の程度が条約の定める保護の程度を下回ることを防止するために、第二種の保護は、最低限の保護要件を定め、これを下回らないように、各加盟国に要求している。

　無方式主義の原則というのは、1.3.1における権利の取得方法の部分で述べたように、著作権の保護を受けるにはいかなる手続きも要しないことをいう。ベルヌ条約第5条第2項の規定によると、内国民待遇に係る権利の享有及び行使には、いかなる手続きの履行をも要しない。つまり、創作的な作品が完成した時点で著作権が直ちに発生し、いかなる声明又は主張をも要せず、かつ著作者はいかなる手続の履行をも要しない。ここでの「手続」というのは、法的権利として保護を受けるには、国内法の規定によって履行しなければならない行政法の義務、条件又は手順のことである。係る要件を満たすことができなければ、その作品は法的保護を受けられないか、又は完全な法的保護を受けられない。係る「手続」について、例えば、保存のために作品の複製品を引き渡すこと、又は公共機関や公的機関で登録費用を納付して権利を登録することなどがある。これらの他にも、作品に著作権の保有を示すマーク（例えば、「C」(copyright)、著作者の氏名、初出版日、「P」(phonogram、

レコード録音など）をつけることなども含まれている。

　独立保護原則は、すなわち著作権の独立性原則であり、ベルヌ条約第5条第2項では、内国民待遇に係る権利の享有及び行使は、著作物の本国における法的保護によらないと規定されている。著作権の独立性原則には、次の二つの意味が含まれる。第一に、著作権の保護については、保護を求められる加盟国いわゆる「保護国法」の国内法が適用される。第二に、作品が加盟国で保護されているか、またどのような保護を受けているかについては、その作品が他の加盟国において本条約の最低限度の保護を受けていることに影響しない。

1.7　先行権利の保護に関する法理

　各国の法律及び関連の国際条約のいずれも、先行著作権が先行権利に含まれていると規定している。このような一致した規定は、先行権利を保護するという共通の法理を表したものであり、保護法益のバランスの原則を権利の抵触に適用したことを示している。先行権利に対する保護は知的財産権の保護における重要な原則の一つである。「理論上、異なる権利に対する法的保護については優先順位がないが、知的財産権に独占性があるため、異なる主体が同じ権利の客体に対し、それぞれ享有している知的財産権は共有できない。権利の抵触が起こった時、先に発生した権利は保護されるべきであり、後に発生した権利はこれに対抗することができない」[11]。同一又は類似の対象について異なる主体が争うことは、その背後に利益の争いがあることを明らかに示している。知名度のある作品は往々にして既に公衆に認められており、それを商標として使用することは、消費者に鮮明な記憶を形成させることができ、それ

---

11)　馮暁青編「知的財産権の権利抵触判例集と学理研究」234頁（中国大百科全書出版社、2010年版）では、著者が「商標専用権は企業名称と抵触が生じた場合、法により先使用者の合法な利益を保護すべき」と主張している。

12)　雲南省高級人民法院（2003）雲高民三終字第16号。

13)　北京市第一中級人民法院（1997）一中知終字第14号。

14)　余暉「商標法に定められる在先権利について」156頁（馮暁青編『知的財産権の権利抵触判例集と学理研究』、中国大百科全書出版社、2010年版』）。

によってすぐに市場シェアを勝ち取ることができる。このような利益の争い
は係る知名度を利用していることと同然である。したがって、「五本の金花」
事件[12]及び「武松打虎」事件[13]に対して、「このような作品の知名度が無断利
用されていたことを不当であると訴え、係る冒認商標は著作権侵害と捉えるべき
だ」と一部の学者が主張している。知名度は潜在的な市場競争の優位性の一
つであり、それは著作権と商標権との抵触が発生した要因かもしれない。
「権利者は著作権又は意匠権を有する作品に対して創造的な労働を行ったため、係
る権利は法的保護を受けるべき」と一部の学者が主張している。また、権利の
法定権利保護期間において、法定の場合を除き、権利者は権利を放棄したり
他人に使用許諾を与えたりするという意思表示を行わなければ、その権利行
使に対するいかなる妨害行為も権利侵害に当たる。「先行著作権の正当な取得
及び権利保護期間において、他人が権利者の許諾を得ずに無断に権利を行使する
ことは、先行権利の権利者に対する排他的対抗であり、それは根本的に先行著作
権に対する侵害に該当する」[14]、と一部の学者が考えている。このような観点
は、現実の利害関係に対する理論的な解釈の一つでもある。

　先行権利を保護するには、まず先行権利の該当性を判定しなければならな
い。商標登録の前に既に合法に存在しており、かつ商標登録が許可された時
まで依然として有効な権利のみ、先行権利として係る商標権に対抗すること
ができる。商標権と先行著作権との抵触は実質的には利益の抵触であるた
め、異なる主体の間に利益を分配し、双方の権利と義務のバランスを保たな
ければならない。先行権利は実際の優先順位に基づいて利益分配の原則を定
めているため、公平であると思われる。先行権利に対する保護の法理は、公
平と正義の思想を示しているとともに、異なる利益主体間の抵触を調節する
バランサーとして、商標権と先行著作権との抵触の解決する原則となってい
る。

第二章　商標権と先行著作権との抵触問題の解決方法に関する日中法制度の比較

2.1　中国法における商標権と先行著作権との抵触問題の解決方法

2.1.1　中国「商標法（2019年改正）」第32条について

中国「商標法」は、商標権と先行権利との抵触を解決するための原則を規定している。中国「商標法（2019年改正）」第32条では、「商標登録出願は、他人の既存の権利に損害を与えてはならない」と規定されている。また、係る先行権利には著作権が含まれている。また、同法第33条と第45条第1項の規定によれば、先行権利者又は利害関係者は、商標登録出願がその既存する先行権利を侵害したと考える場合、出願中の商標に対して、初期査定公告日から起算して3ヶ月以内に商標局に異議を申立てることができ、既に登録されていた商標に対して、商標の登録日から起算して5年以内に、商標評審部門に当該登録商標の無効宣告を請求することができる。

中国「商標審査審理指南」（2022年1月1日より施行）は、商標異議申立案件と商標登録の無効宣告事件における商標権と先行著作権との抵触に関する問題に対し、具体的かつ詳細な審理標準を提供している。具体的には、以下の通りである。

1、著作権者の許可を得ること無く、著作権が存在する他人の作品に対して商標登録出願を行うことは、他人の有する先行著作権に対する侵害と認めるべきであり、係争商標の登録は許可されてはならず、又は登録の無効を宣告されなければならない。

2、その適用要件は以下の通りである。（1）係争商標の出願日前に、他人が既に先行著作権を有しており、かつ当該著作権の権利保護期間が満了していないこと。（2）係争商標と他人の先行著作権に関わる著作物と同一又は実質的に類似していること。（3）係争商標の登録出願人は著作権を有する他人の著作物に

接触したことがあるか、又は接触する可能性があること。（4）係争商標の登録出願が著作権者の許諾を得ていないこと。

3、「著作物」とは、「中華人民共和国著作権法」により保護されている客体をいう。

4、「先行著作権」の権利帰属の判定について、先行著作権とは、係争商標の出願日前に既に完成していた著作物をいう。先行著作権を有しているという事実は、以下の証拠により証明することができる。（1）当該著作物が先に公表されていたことを示せる証拠。（2）当該著作物が完成していたことを示せる証拠。（3）著作権の登記証書。（4）継承（相続）や譲渡などの方法で既に先行著作権を取得していたことを示せる証拠など。また、効力を有する判決書や裁定書において当事者が先行著作権を取得していることが確認できる事実については、反対する十分な証拠がある場合を除き、それを認めることができる。商標権登録証書又は係争商標の出願日よりも遅い日に登録された著作権登記証書については、単独で先行著作権の成立を認定する証拠とすることができない。

5、係争商標の登録出願人は係争商標について自ら独立で創作し完成したものであることを証明できれば、他人の先行著作権に対する侵害に該当しない。

6、係争商標の登録出願人は、既に著作権者の許諾を得ているという主張について立証責任を負うべきである。

　中国著作権法及び著作権法実施条例の関連する規定によれば、係争商標の登録出願人は以下の事実について立証しなければならない。（1）係争商標の登録出願人は著作権者と著作権の使用許諾契約を締結していること、（2）著作権者は、その著作物に対して商標登録出願を行うことを直接的かつ明示的に許可するという意思表示を行ったこと。

2.1.2 中国「大力水手（ポパイ）」案件[1]

係争商標　登録番号：1537340　　　引用商標　登録番号：1172622
　指定商品：第 25 類　靴　　　　　　指定商品：第 25 類　水着など

　第 1537340 号無効宣告請求事件において、商標評審部門は、係争商標と引用商標との類似性と接触可能性を踏まえて以下の旨の裁定を下した。

　　申請人が提出したアメリカにおける著作権登記証書の写しは、引用商標における図形の部分に対し著作権を有していることを証明できる。また、係争商標（左）と引用商標（右）の図形とを比較すると、二件の商標の図形については、構図上の特徴と視覚効果で十分に類似しているほかに、引用商標の登録出願は係争商標の登録出願よりも早いことから、被申請人は同業者として、引用商標に接触する可能性があると判断した。これにより、被申請人の係争商標についての登録出願行為は、中国「商標法（2001 年改正）」第 31 条（現行「商標法（2019 年改正）」第 32 条と同様）における「他人の既存する権利に損害を与える行為」に該当すると判断された。

---

1)　商標争議裁定（商標の無効宣告請求に関する裁定）（商評字（2008）第 11505 号）、商標異議申立再審裁定（商評字（2010）第 6485 号）。

係争商標　登録番号：3536436
指定商品：第32類　ビール、水（飲料）等

引用商標1
登録番号：1510943
指定商品：第32類
飲料用シロップ及び
製剤

引用商標2
登録番号：1478807
指定商品：第32類
ビール、
ミネラルウォーター等

引用商標3
登録番号：1486788
指定商品：第32類
ビール、
ミネラルウォーター等

　第35364360号の商標異議の決定に不服として争った再審事件において、商標評審部門は係争商標（異議申立がされた商標）の登録は他人の先行著作権に損害を与えているという異議申立理由に対して、以下の旨の裁定を下した。

　「大力水手」の名称は、一般的かつ既存の中国語の表現によって構成されたものであることから、その独創性は比較的低い。申請人が主張したように、たとえ「大力水手」という名称がアニメ「ポパイ」のキャラクターの中国語訳名であったとしても、当該名称は著作物としての独創性がないため、中国「著作権法」の保護に値する著作物ではない。したがって、被申請人が本件異議申立の対象である係争商標について登録を出願した行為は先行著作権に対する侵害という申請人の主張は成立しない。

　上記事例から分かるように、商標権と先行著作権との抵触について、日中両国の法制度における解決方法が全く異なっている。この点については、後に2.3で詳しく論じる。また、架空のキャラクターについては、上述の第1537340号無効宣告請求事件の裁定書が示した通り、当該キャラクターに係

る図形が著作権法の保護を受けられることが分かった。しかし、第35364360号商標異議申立再審案件の裁定書において、同一の架空のキャラクターの名称は著作権の保護を受けられなかった。架空のキャラクターの名称への法的保護については、第4章で詳しく論じる。

2.1.3 中国「商標法」第10条第1項第8号

中国「商標法（2019年改正）」第10条第1項第8号及び第44条第1項によれば、係争商標が「社会主義の道徳や風習を害し又はその他の悪い影響があるもの」であることを理由として、何人も商標登録が許可される前に異議申立を行うことができ、又は商標登録が許可された後にその登録の無効宣告を請求することができる。なお、中国「商標法（2019年改正）」第10条第1項第8号で言及される商標は、主として商標そのものが公序良俗を害しており、又はその使用が公共利益に抵触するものであって、これには不正な手段で商標登録出願を行い、かつそれをもって公序良俗を害する場合は含まれない。他人が有する権利について無断に商標登録出願する行為自体は、不正な手段の一つではあるが、これは特定の主体の権利（すなわち私権）を侵害しているものであり、公益に関わるものではない。そのため、これは上述の「商標法（2019年改正）」第32条によって制限されるべきものである。

2.1.4 「哈利・波特（ハリー・ポッター）」事件[2]

HaLiBoTe

哈里・波特

係争商標（異議申立された商標）登録番号：1647373

2） 商標評審部門による異議申立再審裁定：商評字（2009）第30911号。再審決定不服行政訴訟第一審：北京市第一中級人民法院（2006）一中行初字第408号行政判決書。再

26

　第 1647373 号「哈利・波特（ハリー・ポッター）」商標異議申立再審案件[3]
において、商標評審部門は以下の旨の裁定を下した。

　　「哈利・波特（ハリー・ポッター）」と「Harry Potter」は J.K. ローリング氏
　が創作したシリーズ小説のタイトルとその主人公の名前であり、係る小説の構
　成部分としては、著作権法上の著作物の構成要素を具備しておらず、著作権法
　の保護対象となる著作物に該当しない。したがって、係争商標の登録出願は、
　異議申立の申請人の先行著作権を侵害するものではない。
　　しかし、「哈利・波特」の小説及びそのキャラクターは比較的高い独創性と
　顕著性を有しており、係争商標の出願日以前に、「哈利・波特」は既に中国の
　需要者及び取引者において、広範な影響力と比較的高い知名度を有しているこ
　とから、係争商標の登録出願人は、「哈利・波特」、「Harry Potter」が他人の
　創作した著名な小説のタイトル・キャラクターの名前であることを知っている
　はずである。それにもかかわらず、それを商標として登録出願を行うことに
　は、不当に他人の著名な著作物の知名度に便乗しようとする故意があることが
　明らかである。このような行為は、誠実信用という社会主義の公共道徳に反す
　るものであり、申請人の権利・利益に対する侵害するのみならず、公序良俗を
　も脅かすものである。くわえて、消費者に対し係争商標に係る商品に関連する
　商品の出所を誤認させ、社会に悪影響を与えている。したがって、異議申立の
　対象となった係争商標の登録出願は、中国「商標法（2001 年改正、現行 2019
　年改正版と同様）」第 10 条第 1 項第 8 号にいう「社会主義の道徳や風習を害し
　又はその他の悪い影響があるもの」に該当しているため、その登録が却下され
　た。

　既に 2.1.3 で説明したように、これに類似する行政裁定は行政訴訟まで進
行した場合には、法律の適用上の問題により敗訴するリスクがある。ところ
が、本件については、後続する行政訴訟手続において、上記裁定書の結論は

　審決定不服行政訴訟第二審：北京市高級人民法院（2007）高行終字第 373 号行政判決
　書。
3）　商標評審部門による異議申立再審裁定：商評字（2009）第 30911 号。再審決定不服
　行政訴訟第一審：北京市第一中級人民法院（2006）一中行初字第 408 号行政判決書。再
　審決定不服行政訴訟第二審：北京市高級人民法院（2007）高行終字第 373 号行政判決
　書。

北京市第一中級人民法院及び北京市高級人民法院によって認められるにいたった。北京市第一中級人民法院は、以下のように判示した。

　社会の公序良俗に反する商標の登録出願は、公共の秩序に対して悪影響を与えることから、係る標識は中国「商標法（2001年改正、現行2019年改正版と同様）」第10条第1項第8号に規定される「その他の悪影響があるもの」に該当する。本件に関しては、係争商標の登録出願日以前に、「哈利・波特」、「Harry Potter」はベストセラー小説のタイトルとキャラクターの名称として、既に大衆の熟知するところとなっていた。係争商標は中国語における固有の表現ではなく、被申立人はその登録出願した係争商標の発想の由来について合理的な説明ができていない。くわえて、被申立人は、係争商標以外にも、「哈里・波特」、「哈利・波特」、「Harry Potter」という商標を多数登録出願している。したがって、被申立人は、「ハリー・ポッター」のキャラクターの名称の知名度及びその知名度に係る高い商業的付加価値を知りながら、係争商標の登録出願を行ったといえよう。しかし、上述の「ハリー・ポッター」に係る知名度は、著作者が多大なるの知的労働と財力を費やして獲得したものであり、その商業的価値と商機は、その著作者に帰属すべきである。よって、被申立人による係争商標の登録出願行為は、他人の著作物におけるキャラクターの有する高い知名度に便乗したものであり、誠実信用の公序良俗に反しているといえる。

2.1.5　蠟筆小新（クレヨンしんちゃん）事件[4]

　　係争商標　登録番号：1026605　　　　係争商標　登録番号：1026605

4）「クレヨンしんちゃん」に関する一連の商標紛争事件に関わる商標評審部門の裁定書及び訴訟の案件番号は以下のとおりである。商評字（2005）第4644号、北京市第一中

28

　この一連の事件は 9 つの商標に関わっている（著作権の帰属についての争いはない）。本書では、(1) 商標関連紛争の行政裁定を提出する法定期限の起算日について、及び (2) 商標権と先行著作権との抵触を解決するアプローチの選択について、という二つの問題について重点的に説明する。

　この一連の事件の概要は以下の通りである。事件の発端は、中国市場に参入した株式会社双葉社（申請人）が、自社が著作権を有する作品他人によって商標として登録出願されていることを知った。これには、上述の第1026605 号係争商標が含まれる。申請人は 2004 年に上海市第一中級人民法院に著作権侵害を訴え、訴訟前の仮保全を申請し、係る侵害行為の差止めを要求した。その後、申請人はさらに商標評審部門に対して商標紛争に関する行政裁定を申請し、係争商標の登録を取り消すよう請求した。

　当事件の行政裁定においては、商標評審部門が以下の旨の行政裁定を下した。

　　係争商標は 1997 年 6 月 14 日に登録が許可されていたのに対し、申請人が商標紛争に関する行政裁定を申請したのは 2005 年 1 月 16 日である。これは、行政裁定を申請できる法定期間（すなわち登録日から 5 年以内）を大幅に過ぎていることから、係争商標の登録出願が申請人の著作権を侵害しているという申請人の主張は却下されるべきである。したがって、係争商標の登録は依然として有効なものである。

　また、当事件の民事訴訟では、上海市第一中級人民法院が下した民事裁定書（(2004) 滬一中民五（知）初字第 156 号）において、申請人（双葉社）の請求が棄却された。本件の争点は被申請人（係争商標の登録出願人）が係争商標を使用した行為が申請人の著作権を侵害しているか否かということであ

級人民法院（2006）一中行初字第 408 号行政判決書、北京市高級人民法院（2007）高行終字第 373 号行政判決書、中華人民共和国最高人民法院（2007）民三監 25-1 民事裁定書。また、著作権侵害訴訟に関わる訴訟の案件番号は以下の通りである。上海市第一中級法院（2004）滬一中民五（知）初字第 156 号民事裁定書、上海市高級人民法院（2005）滬高民三（知）終字第 110 号民事裁定書、中華人民共和国最高人民法院（2007）民三監 14-1 民事裁定書、上海市高級人民法院（2008）滬高民三（知）再審終字第 1 号民事裁定書。

り、上記裁定書ではこれについての判断が示された。中国「商標法」の関連する規定によると、申請人は登録商標に関する紛争の救済手続に従い、係る主管行政機関（すなわち商標評審部門）に対し、その著作権と被申請人の商標権との抵触を解決するように申請しなければならない。また、上海市高等人民法院は本件二審裁判において、一審判決を維持する旨の裁定書（（2005）滬高民三（知）終字第 110 号民事裁定書）を下した。二審判決は、「人民法院が本件を民事案件として受理しないことは、申請人が著作権について法的救済を受けられない状況を招来しない」と判示した。続いて、本件再審手続[5]では、最高人民法院が下した民事裁定書（（2007）民三監 14-1 号民事裁定書）により、「申請人が被申請人による係争商標の使用行為に対して起こした訴訟は、民事上の権利・利益に関する紛争に属し、もし中国『民事訴訟法（2007 年改正）』第 108 条（現行「民事訴訟法（2021 年改正）」第 122 条)[6]の規定に照らして適法な訴えである場合は、人民法院はこれを受理しなければならない」と判示された。これにより、最高人民法院は本件を審理し直すように上海市高級人民法院に差戻した。上海市高級人民法院はこれを受け、本件訴訟を不受理とした第一、二審の裁定の取消を決定した上、上海市第一中級人民法院に審理し直すよう命じた（（2008）滬高民三（知）再審終字第 1 号民事裁定書）。

　上記問題（1）に係る無効宣告請求の申請が可能な法定期限の起算日については、主に以下 2 つの考え方がある。1 つ目は、まさに上記商標評審裁定書に記載されたように、その起算日は係争商標の登録日であり、中国「商標法（2001 年改正）」第 41 条（「商標法（2019 年改正）」第 45 条第 1 項と同様）は

5）　中国民事訴訟制度における再審とは、すでに法的効力を生じた判決、裁定等について、誤りがあると認められる場合に、当事者の申立により、又は人民法院の判断により、当該事件を再度審理する裁判監督手続をいう（中国「民事訴訟法」第 205 条、第 206 条）。

6）　中国「民事訴訟法（2021 年改正）」第百二十二条「訴えの提起は、次の各号に掲げる要件に適合しなければならない。

　　一　原告は、当該事件と直接に利害関係を有する公民、法人その他の組織であること。

　　二　明確な被告がいること。

　　三　具体的な訴訟上の請求並びに事実及び理由があること。

　　四　人民法院が民事訴訟を受理する範囲及び受訴人民法院の管轄に属すること。」

これについて明確に規定している。もう１つの考え方では、もし係争商標が2001年12月１日付で施行された中国「商標法」の改正前に登録された場合は、無効宣告請求の申立て期間は2001年12月１日を起算日とする。この考え方の根拠とは、中国「商標法（2001年改正）」の施行前には、無効宣告請求の申立ての期限に関する規定がなく、申立人は期間の制限なしに係争商標に係る行政裁定を申請することができたことにある。しかし、本来は権利行使の期間制限のなかったところ、法改正だけを理由として急にこれを短縮したり、権利を喪失させたりするのは、申立人にとって不公平である。

　上述した異なる考え方の存在によって、申請人が商標評審の裁定に対して行政訴訟を提起した場合に得られる判決にも見解が分かれている。たとえば、一審の北京市第一中級人民法院は、商標評審部門の評審裁定を維持する判決（（2006）一中行初字第408号行政判決）を下したが、二審の北京市高級人民法院は、「係争裁定の申請期限の起算日を2001年12月１日とすべきとした上で、係争裁定の申請日は2005年１月16日であって係る法定期限内にあるため、商標評審部門は当該案件を受理して審理すべき」と判示（（2007）高行終字第373号行政判決）した。ところが、この判決は最高人民法院の「（2007）民三監25-1号判決」という行政訴訟の再審手続によって覆された。最高人民法院は、「係争商標の登録日が2001年12月１日付けの『商標法』の改正・施行前であるかその後であるかに関わらず、無効宣告請求の申立可能な法定期間の起算日は、いずれも係争商標の登録日とすべきであり、商標評審部門が下した本件評審裁定は維持されるべき」と判示した。

　上記の一連の事件以後において、より本質的な問題とは、商標権と先行著作権とが抵触した場合、どのような解決方法を選択するかということである。上記一連の事件はもともと著作権侵害の民事紛争に起因したものである。原告がその先行権利に基づき、別の行政手続で付与された権利を対象に起こした行政訴訟について、人民法院がこれを直接に受理し審理できるか否かについて、かつて中国にはいくつかの対処方法が存在したが、現在、「登録商標及び企業名称をめぐる民事紛争案件審理の若干問題に関する最高人民法院の規定」（法釈［2020］19号、2020年12月29日公表）によると、原告が、他

人の登録商標に使用されている文字、図形などが原告の著作権、意匠権及び企業名称などの先行権利を侵害しているとして起こした訴訟については、「民事訴訟法（2021年改正）」の規定に照らして適法な訴えである限り、人民法院はこれを受理しなければならない。

さらに、「現在の経済情勢下での知的財産権事件の審理業務における大局への服務関する若干問題に対する最高人民法院の意見」（法発［2009］23号、2009年4月21日公表）によれば、係争商標に関する訴訟を人民法院が受理した時点で、係争商標がまだ登録されていない場合、人民法院が法に基づき当該訴訟事件を受理し審理することは妨げられてはならない。言い換えれば、係争商標が商標局による登録出願審査手続の最中であっても、人民法院は当該商標に関する侵害訴訟事件を受理して審理を行うことができ、必ずしも行政手続の結果を考慮しなくてよい。最高人民法院が上述の考え方を示した要因の一つは、商標権とその他の権利との抵触は民事上の権利・利益に関する紛争の範疇に属するものであるため、権利抵触に係る訴訟事件が民事訴訟法に規定される受理の要件を満たしているのであれば、人民法院はこれを受理しなければならないと、考えたことにあるのだろう。

したがって、現在、商標権と先行著作権との抵触問題に関しては、著作権者は行政ルートと民事ルートとの二種類の法的救済ルートから選択することができる。また、既に登録が許可された商標については、二つの救済ルートの相違点は以下の通りである。

（1）両者の目的が異なる。民事訴訟において、原告は侵害行為の停止と損害賠償を請求できる。一方、行政手続、すなわち商標登録の無効宣告手続においては、係争登録商標に関する権利の合法性を根本的に否定することを目的としている。

（2）両者の結果が異なる。上述のような異なる目的に鑑みて、行政手続が解決しようとするのは、権利の抵触が発生した知的財産権そのものの有効性という問題であり、その結果は係争商標の登録の無効が宣告される可能性がある。一方、民事訴訟が解決しようとするのは当事者間の権利侵害が成立しているか否かという問題であり、その結果として係争登録商標の使用が禁止

される可能性があるが、その商標権は依然として有効である。もし民事訴訟で係争商標の使用を禁止する判決が出た場合、判決の発効日から3年以内に、先行著作権の権利者は、係争商標が3年間連続して使用されていなかったことを理由に、係争商標の登録の取消しを申請することができる。なぜなら、侵害が成立するという旨の権利侵害訴訟の判決が既に効力を有した以上、係争商標の権利者がその商標を継続して使用することは違法であるからだ。

　(3)　両者の提出に関する法定期限が異なる。無効宣告の申立可能な法定期限は係争商標の登録日から起算して5年以内である。一方、2021年1月1日より施行される「民法典」によれば、著作権侵害訴訟の時効は、著作権者が侵害行為を知った日、又は知るべき日から起算して3年以内である。上述の時効を経過した場合には、「著作権関連民事紛争事件の審理における法律適用の若干の問題に対する最高人民法院の解釈（2020年改正）」（法釈［2020］19号、2021年1月1日より施行）によれば、当該著作権の権利保護期間内に、もし係る権利侵害行為が訴えを提起した時点で継続している場合は、人民法院は被告による権利侵害行為の差止めを命じるべきである。その場合、権利侵害による損害賠償額は、人民法院に訴えを提起した日から3年前まで遡って計算するものとする。

　したがって、著作権者は、対象商標の登録日から5年以内に商標評審部門に対して商標の無効宣告請求を申立てできなかったとしても、人民法院に対し著作権侵害訴訟を通じた民事的救済を求めることができる。また、もし人民法院が対象商標の商標権者による権利侵害行為を差止める旨の判決を下した場合、事実上、係争商標の商標権者がその商標を使用できなくなるという目的を達成できることになる。

　もっとも、「現在の経済情勢下での知的財産権事件の審理業務における大局への服務に関する若干問題に対する最高人民法院の意見」（法発［2009］23号、2009年4月21日公表）によると、登録商標が他人の著作権や企業名称などの先行する財産的権利と抵触した場合、商標法が規定する紛争解決申立ての期限（登録日より5年）を経過したことにより商標の登録の取消ができない場合、先行権利の権利者は、訴え提起の時効期間満了前に権利侵害訴訟を提起する

ことができるが、この場合、人民法院はその登録商標の使用差止めを命じる判決を下さないようとされている。最高人民法院の上記意見に関する理由の一つは、もし先行権利に対する保護に期間の制限がないとすれば、その後に登録される商標権は長期的に効力未定の不安定な状態にあり、これは商標権の権利行使を阻害し、商標権者に商業的な困惑を招き、商標の使用による商業的信用の蓄積ができなくなる。

　一方、法規定間での抵触問題が長期にわたって存在している。前述したように、中国「著作権法（2020年改正）」第23条の規定によれば、著作権の保護期間内（すなわち著作者の生涯及びその死亡後50年まで、ただしその他の特別法がある場合を除く）において、著作権は継続して保護を受けることになる。一方、著作権法と同様に法律である商標法の規定によれば、ある著作物が他人によって商標として登録された場合に、著作権者又は利害関係者は商標登録の無効宣告請求を提出できる期間は、係争商標の登録日から5年間までという制限を受けることになる。

　いずれにせよ、以上で紹介した事件の事実の如何を問わず、本章での事例研究のまとめとして、いかなる性質の権利であれ、真の権利者は積極的に権利を行使するべきであることを改めて強調したい。権利に対する保護は当然必要ではあるが、権利行使も重要なことである。場合によっては、権利者が権利行使を怠ったことによって権利を失うことになる。とりわけ、現在の中国の法体系の下では、いったん商標の無効宣告請求の申立て期間が満了すると、係争商標がもはや事実上の揺るぎない競争的地位を獲得しうる可能性が高い。

2.2　日本法における商標権と先行著作権の抵触問題の解決方法

2.2.1　日本「商標法（2022年施行）」第29条

　日本「商標法（2022年施行）」第29条は、商標権と先行する知的財産権との抵触問題を解決するための法的根拠であり、当然、商標権と先行著作権との抵触問題の解決にも適用される。当該規定によれば、ある商標権が他人の先行知的財産権と抵触した場合には、その権利行使が制限される。また、商

標権者、その専用使用権者又は通常使用権者は、指定商品又は指定役務についての登録商標の使用がその使用の態様によりその商標登録出願の日前の出願に係る他人の特許権、実用新案権若しくは意匠権又はその商標登録出願日の前に生じた他人の著作権若しくは著作隣接権と抵触するとき、指定商品又は指定役務のうち抵触する部分についてその態様により登録商標の使用をすることができない。

2.2.2 ポパイ事件（その3）

　日本法における商標権と先行著作権の抵触問題を検討するには、大きく注目された「ポパイ」事件を取り上げずにはいられない。実際、これは複数の事件を含む一連の事件であり、日本のみならず中国の法学者の間でも大いに議論された。この一連の事件は、商標の機能、キャラクターの名称の著作物該当性をはじめ、様々な視点から研究されてきた。本書では、「ポパイ」商標権侵害事件（その3）を取り上げ、日本法における商標権と先行著作権との抵触問題に対する解決方法について、筆者自身の見解を述べる。

係争登録商標　登録番号：326206
指定商品：第36類、被服、手巾、釦
　　　　　鈕及び装身用ピンの類

著作権を有する図形

「ポパイ」商標権侵害案件（その3）に関するキャラクター

　本件の原告は係争商標の商標権者であり、被告は関連する著作権の使用権者である。本件の争点は、被告がマフラーの商品に「POPEYE」のアルファベットを使用することが原告の商標権侵害に該当するか否かである。

第二章　商標権と先行著作権との抵触問題の解決方法に関する日中法制度の比較　　*35*

　係争商標は 1959 年に原告によって登録された。一方、「ポパイ」は架空の
キャラクターの名称として、1932 年に上映されたアニメ映画に登場してお
り、係争商標が日本において登録出願される前に、既に日本を含む世界中の
人々に知られていた。被告は著作権者の許諾を得て、1981 年から 1982 年ま
での間に、標章 A 及び標章 B の標章を付けたマフラーの製造と販売を行っ
ていた。標章 A は、著作権のある原作における「ポパイ」のキャラクター及
び「POPEYE」のアルファベットによって構成され、標章 B は、「POPEYE」
のアルファベットのみで構成されている。原告は係争商標権に基づいて、被
告商品の販売の差止と損害賠償を求めた。第一審の大阪地裁は、被告商品の
販売の差止、及び損害賠償として 140 万円の支払いを命じた。第二審の大阪
高裁は、被告商品の販売の差止と損害賠償請求を一部認容した一審判決を変
更し、1,085,100 円とその遅延損害金の支払いを求める部分を認容し、その
余を棄却した。第二審の大阪高裁は、「標章 B における文字『POPEYE』（すな
わち架空のキャラクターの名称）そのものには、独立した著作権が存在しないた
め、日本『商標法』第 29 条は適用されない」と判断した上、さらに商標権の濫
用という主張に対し、「係争登録商標権が有効である限り、その商標権者が商標
権に基づいて提起した差止及び損害賠償請求訴訟は商標権の濫用に該当しない」
と判示した。第三審の最高裁は次の通り判示した。「被告が図形を含む標章 A
を使用することは、明らかにアニメのキャラクターと対応するキャラクターの名
称を表すものであり、原著作物である『THE THIMBLE THEATER』という漫画
における架空のキャラクターである『ポパイ』の複製に当たる」というべきであ
る。「したがって、被告が標章 A を使用する行為は、係る著作権者の許諾を受け
ている行為であり、日本『商標法』第 29 条に照らして、その行為は原告の商標権
を侵害するものではない。」一方、標章 B に関しては、「『POPEYE』という架
空のキャラクターがあまりにも有名であるため、アルファベットの『POPEYE』が
そのキャラクターのみを指すようになった。したがって、係争商標は『POPEYE』
というキャラクターの知名度に便乗したものであり、その商標権に関する権利行使
は公正な競業秩序を乱すものと認めるべきである。そのため、原告は係争登録商
標権に基づき起こした商標権侵害訴訟については、係る権利行使の方法が不合理

であり、権利の濫用」と解すべきである。

　しかし、架空のキャラクターの名称自体が著作権法上の著作物に該当するか否かについては、当該判決では直接の判断が示されなかった。当該判決は日本で初めて、商標権と著作権とが抵触した場合に、商標権者がその商標権に基づき損害賠償及び差止請求訴訟を提起することを権利の濫用に当たると判断した裁判例である。日本「商標法」第29条によれば、商標権が先行著作権と抵触した場合、商標権者は抵触する一部の指定商品又は役務にその商標の使用が許されないのみならず、他人が当該著作物の複製品を使用する行為が自己の商標権を侵害している場合にも、その商標権に基づく差止請求ができない。なお、この場合に、商標権の権利行使が制限されるが、登録商標の権利は依然として有効である。日本「商標法」第46条の商標登録の無効審判に関する規定によれば、商標権と他人の先行権利との抵触は、登録商標の無効事由にはならない。いわば、商標の登録後、たとえ他人の先行著作権と抵触したとしても、それ単独では登録商標の無効事由にはならない。また、他人の先行著作権との抵触は、日本「商標法」第43条2に列挙された異議申立手続の理由にも属さないため、いかなる者も商標権と他人の先行著作権との抵触だけを理由に、登録商標に対して異議申立を行うことはできない。

　ポパイ事件（その1）の原告、被告及び事件の概要は、ポパイ事件（その3）と類似している。大阪地裁は1976年2月24日付けの判決では、「被告がTシャツに使用した標章は『POPEYE』という架空のキャラクターと『POPEYE』のアルファベットから構成される装飾であり、それは商標としての使用ではなく、意匠としての使用」と解すべきである。また、「そのうちの『POPEYE』という表現は全体的なデザインにおいて切り離すことのできない一部分であり、被告による使用行為は原告の商標権に対する侵害に当たらない」と判示した。

2.2.3　日本「商標法（2022年施行）」4条1項7号

　具体的な運用において、日本特許庁の商標審査基準（改訂第15版）は、日本商標法（2022年施行）の第4条第1項第7号に規定されている「公の秩序

又は善良の風俗を害するおそれがある商標」の審査基準が詳細に規定されている。すなわち、当該商標の構成要素であるアルファベット、図形若しくはその組み合わせ自体が、粗悪、猥褻、差別的若しくはその他の不快な印象を与えるか、又は商標の構成要素自体とは無関係であるが、指定商品又は指定役務に使用されることは社会公共の利益に反し、若しくは社会の一般的道徳規範や善良な風習に反するおそれがあるような商標を指す。また、この条項は、商標の使用が他の法律で禁止されている場合、特定の国やその国民を侮辱するおそれがある場合、又は商標が国際信義に反すると判断された場合にも適用される。

　当該条項の理解と適用については、東京高等裁判所が平成 11 年（1999 年）12 月 22 日付けで下した判決（平成 10 年（行ケ）第 185 号審決取消請求事件）における裁判所の意見を参照されたい。同判決によれば、ある商標が日本「商標法」第 4 条第 1 項第 7 号に該当するか否かは、その商標自体が公序良俗を害する又はその使用が社会公共の利益に反する場合に限らず、その商標の登録出願行為には合理性がなく、国際信義則に反すると認められる場合も含まれる。そのような行為もまた、公平な取引秩序を乱しており、公の秩序を害するものと解すべきである。

2.2.4　「赤毛のアン」事件[7]

Anne of Green Gables

係争商標　登録番号：4470684

　日本特許庁は「赤毛のアン」事件の商標審決において、次のように判断した。

7）　日本特許庁審判部決定番号：2003 年第 035094 号。

文学作品である「赤毛のアン」はカナダの文化財産である。被請求人（係争商標の商標権者）は、「赤毛のアン」に対して映画及び連続ドラマの撮影・製作に関するライセンス契約書を提出したが、この証拠から、被請求人が「赤毛のアン」の文字を商標として登録出願する許可まで得ていたとは推定できない。したがって、係争商標の登録出願は、当該文学作品の著作権管理機関からの事前許可を受けていないため、信義則に違反している。

また、当該作品の名称がその文学作品とは無関係な企業によって独占されることは明らかな不当であるため、係争商標が日本で登録されれば、日本とカナダとの間の国際信義に反することになる。日本特許庁の上記審決は、日本知的財産高等裁判所によって維持された。くわえて、上記審決はまた、大阪地裁の昭和60年9月26日付けの判決（ポパイ事件その3、大阪高裁の判決）の判旨を引用した。すなわち、作品の名称が著作権法上の著作物に該当するか否かにかかわらず、一般的には作品の名称に係る著作権は著作物から独立したものではないと考えられる。

2.2.5 「ファービー」事件

本件は著作権侵害に関する刑事案件であり、一見して本書のテーマと直接の関係が無いようにも見えるが、日本法における商標権と先行著作権との抵触問題を解決するための考え方とそのアプローチを提示したものと考えられる。つまり、まず、著作権の保護を求める標章は著作権の保護範囲に属するかを慎重に考慮しなければならない。それに、異なる種類の知的財産権の間

第二章　商標権と先行著作権との抵触問題の解決方法に関する日中法制度の比較　*39*

の権利抵触を解決する際には、異なる関連法制度が提供する法的保護レベルのバランスを慎重な検討が必要である。

　本件の概要は以下の通りである。「ファービー」は米国のタイガー・エレクトロニクス社が開発した電動玩具であり、1998 年に米国著作権局（US COPYRIGHT OFFICE）において著作権として登録されている。トミー社が当該電動玩具の日本市場への独占的な輸入及び販売権を受けている。1999 年 7 月前後、ある日本のメーカー A 社は、「ファービー」の外観・機能とそっくりの人形「ポーピィ」2400 個を B 社に販売し、360 万円の利益を得た。山形地方検察庁は、上記行為が米国のタイガー社の著作権を侵害したとして、山形地方裁判所に対し起訴した。山形地裁は 2001 年 9 月 26 日に、検察側の起訴内容を認めず、被告人に対し無罪の言い渡しをした。「ファービー」が著作権の保護を受けるべきであるか否かについて、山形地裁は、「たとえ米国法上では「ファービー」のデザインが著作権を有しているとしても、「ベルヌ条約（日米両国ともに加盟国である）」の規定によると、「ファービー」が日本で著作権の保護を受けられるかについては、日本の著作権法によるものである」と判示した。これに続いて山形地裁は、「『ファービー』のデザインは日本の著作権法にいう著作物ではない」と判断した。日本の著作権法における「美術の著作物」というのは、専ら美的鑑賞を目的とする純粋な芸術（美術）（及び美術工芸品）をいい、実用品に供されるものは含まれない。しかし、「ファービー」のように実用目的を有し、かつ一定の美的感覚と技術的特徴を備える大量生産されたものについて、美術の著作物に属するか否かについては、明確な法規定がない。もし著作権法の保護範囲が応用美術にまで拡大されれば、意匠法制度の基盤を根本的に揺るがすことになる。なぜなら、著作権法と意匠法とが提供する保護レベルが異なるからである。具体的にいえば、意匠権は出願登録手続によらなければ権利が発生せず、かつ中国においてその保護期限は出願日からわずか 15 年（日本では出願日から 25 年（日本意匠法（2022 年施行）第 21 条））であり、著作権の権利保護期間よりはるかに短い（著作者が自然人である場合、中国での権利保護期間は死後 50 年であり、日本では死後 70 年である）。そのため、著作権法の保護は原則として、工業規模で大量生

産された応用美術のデザインにまで広げる必要はないことが妥当であろうと考える。

　山形地裁は、「『ファービー』が有する玩具としての実用性と機能性を考慮すれば、それを独立して美学的特性を持つ美術鑑賞品とみなすことが難しい」と判断した。「したがって、『ファービー』のデザイン形態が著作権の保護を受けるには不十分であり、被告人の行為は刑事犯罪に該当しない」と判示した。山形地検は控訴したが、控訴審である仙台高等裁判所が平成 13 年 7 月 10 日付けの判決では控訴を棄却し、一審判決を維持した。仙台高裁は、山形地裁の考え方を踏襲し、「ファービー」の創作経過に遡って、「『ファービー』人形のデザインと形態は電子玩具としての実用性及び機能性保持のための要請が濃く表れているのであって、これは美感をそぐものであり、『ファービー』の形態は、全体として美術鑑賞の対象となるだけの審美性が備わっているとは認められず、純粋美術と動詞できるものではない」と解した。「したがって、『ファービー』人形のデザインは、全体的に美術鑑賞品としての美学的特徴を有するものとみなすべきではない」と結論付けられた。また、工業的に大量生産できる応用美術作品のデザインは、意匠法によって保護できることを考慮し、これを著作権法の保護範囲に含めることが妥当か否かについては慎重に検討すべきであり、とりわけ刑事処罰に関わる場合に、より慎重に取り扱わなければならないと考える。

2.3　比較分析

2.3.1　権利間の抵触への対処についての考え方

　第 1 章で述べたように、「パリ条約」第 6 条の 5 の B によれば、商標は第三者の既得権を害するようなものである場合、その登録を拒絶され又は無効とされることがある。また、TRIPS 協定第 16 条の規定によれば、登録された商標の権利者は商業上においてその商標専用権を行使する際に、いかなる既得権も害するものであってはならず、さもなければ、その権利の行使は制限を受けることになる。

　前述の 2.1 及び 2.2 によれば、商標権と著作権との権利抵触に関しては、

日本法上の解決方法は、商標専用権の行使を制限することである。一方、中国法上の解決方法は、後に登録された商標権の存在を根本的に禁止することである。知的財産法は、新たな権利が付与されるタイプの法律であるため、係る制度設計では、ある特定の知的財産権の効力を確認することもできれば、権利の行使を制限し又は禁止することもできる。

　異なる性質を有する権利の間の抵触問題を解決する基本原則は、「先に存在する権利の保護」である。当原則によれば、後の権利の付与も権利行使も先行権利を侵害してはならない。仮に後の権利の付与が必然的に他人の先行権利を侵害するとすれば、そのような権利は独立して存在するべきではなく、その存在と行使を完全に禁止すべきである。これこそ中国の法制度における考え方である。一方、仮に後の権利の付与が法に適合する形で行われ、ただ特定の権利行使の方法が他人の先行権利を侵害しうる場合には、そのような権利行使の方法を制限すべきである。すなわち、権利の抵触が生じうる特定の範囲において権利行使ができないだけであり、当該権利の存在のそのものが否定されるべきではない。これは、日本の法制度における考え方である。

　ここで、2つのポイントを明確にしておく必要がある。1つは、たとえ後の権利の確立は関連する法律に適合していても、それは手続上で合法であるだけで、実質上の合法性は十分ではないかもしれないことである。とりわけ商標権は行政機関の審査と確認によるものであるため、手続上は通常問題ないが、実質的に権利の瑕疵があるかもしれない。なぜなら、その権利が発生したのは権利侵害行為によるものであるため、その存在自体は、他人の先行著作権と対抗・抵触するものであるからだ。

　もう1つは、「権利侵害」の概念についてである。厳密に言うと、商標登録そのものは権利侵害行為に該当するものではなく、ただ、先行権利に「損害」を与えるにすぎない。商標の登録と商標の使用は、異なる性質を有する法律行為であるが、権利侵害に該当しうるのは商標登録後の使用行為のみである。したがって、この観点から、先行権利はその後に登録された商標権の権利行使を制限する事由であって、商標登録を阻害する事由ではない。しか

42

し、いったん後の商標の登録が許可されたら、先行著作権の権利者が自己の
著作権を有する作品について商標登録しようとしても、類似する他人の先行
商標登録出願の存在によって、その登録出願が却下されるリスクが生じるこ
とになる。尚且つ、通常は商標登録は商業上での使用を目的とするものであ
り、一旦後に登録された商標の使用が許可されれば、権利侵害が発生する可
能性がある。したがって、上記理由に基づき、権利侵害訴訟の対象は既に実
際の損害をもたらした権利侵害行為のみならず、将来発生しうる侵害行為を
も含みうる。すなわち、将来における潜在的な損害を回避するため、係る法
律関係を早期に明確にしておくための訴訟を提起してもよい。

2.3.2　行政と司法との関係

　原告がその先行権利に基づいて、別の行政手続を経て付与された権利に対
して権利侵害訴訟を提起した場合、法院はそれを受理し審理することができ
るか否かについては、以下のような異なる考え方がある。

　1つ目は、行政手続が民事手続に優先するという考え方だ。行政手続によ
って付与された民事的権利については、行政手続き及びそれに対応する訴訟
手続を通じて消滅するものであり、法院は直接に民事訴訟を通じてこのよう
な紛争を解決すべきではない。また、上述の「クレヨンしんちゃん」事件の
民事訴訟において、当初の一審・二審法院もこの立場を採った。また、最高
人民法院は 2005 年 4 月 27 日付けの (2005) 民三監字第 2 号民事裁定書で以
下のように述べた。

　　　再審申請人である（フランス）ラコステ社（LACOSTE）は、他人の商標登
　　録出願に関して自社の著作物が使用されたことを理由に、当該著作物について
　　著作権の保護を主張する場合は、商標法に規定される異議申立手続などの救済
　　手続を経て解決すべきである。また、既に異議申立てをした場合、当事者は、
　　他人が当該著作物について行った商標登録出願が既に初期査定公告に至ったこ
　　とが権利侵害に該当するとして民事訴訟を提起した場合、人民法院はこれを受
　　理しない。

第二章　商標権と先行著作権との抵触問題の解決方法に関する日中法制度の比較　*43*

　2つ目は、行政手続が条件付きで民事手続に優先するという考え方だ。原告が商標権に対して著作権侵害訴訟を提起した場合、法院はこれを受理することができるが、関連する商標権の無効や取消手続の結果を待つため、審理を一時中止すべきである。

　3つ目は、民事手続と行政手続が相互に独立しているという考え方だ。抵触に関わる権利が行政手続による審査や確認を経ているか否か、また抵触に関わる権利についての紛争解決のための行政手続が進行しているか否かを考慮する必要はなく、直ちに民事訴訟手続を進めることができ、行政手続を前置手続とする制限を設ける必要はない。また、民事訴訟の結果は、必ずしも行政手続の審理に影響するものではない。現在の中国は二つの手続の並行運用の方法を採用している。しかし、法院が登録商標による先行著作権への侵害を認め、その商標の使用停止命令を下せば、事実上、商標の効力が否定される。

　しかしながら、日本では行政と司法の区分が比較的に明確的であり、権利の抵触に係る登録商標が無効とされるか否かは、特許庁の審判部によって審理され、一方、これに関連する権利侵害訴訟は裁判所によって審理される。2004年の日本商標法の改正前には、商標権侵害訴訟では商標権の無効を主張することが許されていなかった。一方、裁判所は商標権者の提起した権利侵害訴訟が権利の濫用に当たるか否かを判断することができる。すなわち、商標権の範囲に対する解釈によって、権利濫用行為を規制することができる。当該商標権と他人の先行権利とが抵触したとき、商標権侵害との主張は権利の濫用とみなされる。2004年に日本商標法が改正されて以降、同法第39条が「特許法」第104条の三第1項の準用により、裁判所は商標権の無効を抗弁理由として受け入れることができる。また、仮に係争商標の登録が商標無効審判手続によって無効とされた場合は、その商標権者は他の当事者に権利行使を主張することができない。

　しかしながら、日本商標法によると、登録商標の無効審判手続は、同法第46条に規定される無効事由に基づいて行われなければならないと規定されているが、他人の先行著作権との抵触は同法第46条に規定される無効事由

に含まれていない。言い換えれば、商標出願が一旦、商標審査手続を経て権利として登録されれば、たとえ他人の他の種類の権利と抵触したとしても、無効審判手続における無効事由にはならない。

2.3.3 権利抵触に関する法律の適用範囲

日本法において、商標権と先行著作権との抵触問題を解決する方法は、商標権の権利行使を制限することであるため、これと関連する法律の適用範囲は、商標権の権利行使において実際に他人の先行権利と抵触した商品や役務における商標の使用に限られる。

一方、中国法における権利抵触問題を解決するための考え方は日本法のそれとは根本的に異なっている。具体的には、実際に権利侵害が発生していることが要求されておらず、発生する可能性があると推定されれば十分である。また、著作権の客体、すなわち著作物自体は具体的な商品や役務の種類とは無関係であるため、先行著作権を保護し、著作権と商標権との抵触問題を解決する際に、商品や役務の種類についての制限はない。

2.3.4 商標登録の無効審判手続

日本では、商標法（2022年施行）第46条の規定によれば、商標が無効とされる主な理由は、商標登録制度に違反していることにあり、すなわち、商標登録制度における手続的要求又は実質的な要求を満たしていないことである。なお、その他の法律で保護される他の種類の先行権利に抵触することは、商標登録の無効事由に属さない。一方、中国では、商標法（2019年改正）第44条と第45条の規定によると、上述の二つの理由のいずれもが商標登録の無効事由として挙げられている。日本法において、登録商標に対する保護は「商標法」の第一義的な目的であるため、同法において他種類の権利に対する保護が商標権よりも強いわけではない。したがって、たとえ商標権と先行権利との間に抵触が生じたとしても、商標法に基づく商標登録制度と商標権保護制度を揺るがすものではない。登録商標が商標登録に関する商標法の規定に違反した場合のみ、その登録の適法性が否定されることになる。

第二章　商標権と先行著作権との抵触問題の解決方法に関する日中法制度の比較　*45*

　そのほか、日本の商標法（2022 年施行）第 46 条の規定によれば、無効事由には公益に関わる事由と私益に関わる事由が含まれる。私益に関わる事由については、無効審判を請求できる期間は商標の登録日から起算して 5 年以内である。公益に関わる事由については、無効審判を請求できる期間に制限は無く、たとえ商標権が失効した後であっても請求できる。なぜなら、日本法では、商標権に基づく侵害訴訟は 10 年まで遡及できるからだ（日本における民事訴訟では、商標権侵害のような不法行為に基づく損害賠償請求の消滅時効は 3 年であるが、3 年を超えた場合でも、10 年間が経過するまでは一般債権たる不当利得返還請求権に基づく請求が可能である）。一方、中国商標法（2019 年改正）第 45 条の規定により、私益に関わる事由で無効宣告の申立て可能な期間は原則として商標の登録日から起算して 5 年以内であり、また、他人の馳名商標[8]に対する悪意の商標登録出願の場合には、5 年間の期間制限を受けない。同法第 44 条の規定により、公益に関わる事由で無効宣告を申し立てる場合は、期間制限を受けない。

2.3.5　著作物を商品に使用する行為

　前述の日本「ポパイ」事件（その 1）のように、日本法では、著作権に保護されている著作物を商品に使用することが他人の商標権を侵害していると訴えられた場合、被告は、それは装飾用に使用しただけであり、商標ではなく意匠としての使用であると抗弁することができる。この場合、たとえ被告の真意が商標としての使用であったとしても、係る抗弁を裁判所が認める可能性がある。このような判決の理由は、商標権の適法性を害しないことを前提として、これを侵害した疑いのある者（すなわち、先行著作権の権利者又は著作権のライセンシー）へ必要な保護を与えることにある。

　一方、中国法では、「中華人民共和国商標法実施条例（2014 年改正）」第 76

---

8 ）「馳名商標」とは、中国における認知度が高い（関連する公衆に熟知されている）と認定された著名な商標のことをいう（「馳名商標の認定と保護に関する規定（2014 年施行）」第 2 条）。また、馳名商標の認定は、中国「商標法（2019 年改正）」第 14 条に規定された要件を満たし、かつ商標局による認定手続きを経なければならない。

条の規定によれば、同一又は類似する商品において、他人の登録商標と同一
又は類似する標識を商品の名称又は包装として使用することで公衆の誤認を
招いた場合、他人の商標権に対する侵害行為に該当するとされている。当該
条項の立法趣旨は、様々な商標権侵害行為を厳しく取り締まることにある。

第三章　先行著作権との抵触に係る商標評審事件の審理基準

3.1　判定基準：著作権に対する侵害判定（商標権ではない）

　中国「商標法（2019年改正）」第32条は、他の種類の先行権利への保護に関するものであるため、商標権と先行著作権との抵触に関わる事件を審理する際に、商標権侵害事件ではなく、著作権侵害事件の判断基準を参考にするものとする。また、実際には、先行著作権と商標権との抵触問題の解決の過程は、その先行権利に著作権の保護を与えるべきかに関する検討に相当する。すなわち、いったん著作権の有効性が認められると、商標登録が著作権侵害となるため、その商標は登録されるべきではないか又は無効とされるべきである。著作権侵害とは、著作権者の許諾を得ずにその著作権に保護よって著作物を無断に使用することをいう。他人の著作権の客体たる著作物と同一のものを許諾なく商標登録出願した場合、後に登録された商標が先行著作権者の複製権等の権利を侵害し、また、当該著作物と実質的に類似しているものを商標登録出願した場合、後に登録された商標が先行著作権者の修正権[1]及び同一性保持権を侵害する。それにくわえて、最も重要なこととして、後に登録された商標は先行著作権者がその著作物を使用する権利及び報酬を得る権利、すなわち著作権における財産的権利を侵害することになる。

　著作物は創作的なものであれば、他人の著作物と偶然に類似したとしても依然として著作権の保護を受けられる。実務においては、係争商標は独立に創作されたものであるか、又は他人の先行著作物に対する剽窃であるかが判断の焦点となる。剽窃とは、他人の著作物について形式から本質までそのま

1）　中国著作権法における「修正権」は、著作人格権の一種であり、他人の著作物を修正し又は他人に授権して著作物を修正させる権利をいう（中国「著作権法（2020年改正）」第10条）。これは、日本法での「同一性保持権」の範囲に含まれるものと思われる。

ま写したり又は少しだけ書き直したりすることをいう。他人の著作権を剽窃したとして訴えられた著作権侵害事件において、侵害判定に関する三つの決定的な要件は、剽窃と訴えられた著作物と原作とが実質的に類似していること、被疑侵害者が原作に接触した又は接触した可能性があること、及び原作の著作権者の許諾を得ていないことである。

　したがって、審理すべき事項は、(1) 権利侵害訴訟の原告（すなわち原作の著作権者）の図形は著作権法上の著作物に該当するか否か。(2) 原告はその図形に係る著作権者又はその利害関係人であるか否か、またその著作権の形成時間は係争商標の出願日より前で、かつ権利の保護期間内にあるか否か。なお、中国国外の著作物については、「ベルヌ条約」及びその他の国際条約又は著作者の所属国と中国とが締結した合意書により、中国で著作権法の保護を受けられるか否か。(3) 係争商標と先行著作物とが同一又は実質的に類似しているか否か。(4) 係争商標の出願人（すなわち権利侵害訴訟の被告）が、先行著作物に接触した又は接触した可能性があるか否か。(5) 係争商標の出願人が係争商標についての合理的出所を示せるか否か（例えば、独立に創作したこと、又は被申立人が著作権者の許諾を取得したこと）。

　上述の審理基準及び関連する概念については、以下の通り、理論的考察と事例研究を敷衍して詳細に検討する。

3.2　著作物性の判定

3.2.1　独創性

　著作権法上の著作物は、ある程度の「独創性」を具備したものでなければならない。ある図形の「独創性」が認められてはじめて、その図形の著作権法上の著作物への該当性及び関連する諸問題を検討することができる。著作権に関する紛争解決において最も基本的な判断基準は、権利侵害の疑いのある対象作品の中に、非独創的な方法で申立人（権利者）の原作における独創的な成果を含めているか否かということである。そのため、「独創性」に関する判断基準は理論的な問題であるにとどまらず、実務上の問題でもある。独創性は、特許発明に求められる新規性とは異なる。発明の新規性というの

は、当該発明が過去に存在したものではなく、初めて創られたものでなければならないことをいう。一方、独創性については、その著作物が既存の著作物と類似したとしても、それは著作者が独立に創作したものであり、かつ著作者が既存の著作物に接触していないのであれば、独創性があると認められる。著作物の独創性は、文学的や芸術的又は科学的な価値の高さに関わらないが、ごく単純な線や普通の幾何図形によって構成された図形、又は日常的、平凡的若しくは普遍的なものとの区別が極めて小さいものは、著作権法上の著作物として保護されることができない。自己が独立して創作したものであっても、他人の著作物を法定の範囲内で合理的に使用することが排除されるわけではない。また、創作過程では、フリー素材が利用できるが、その創作した成果物が著作物として著作権法の保護を受けるには、ありふれたフリー素材と区別できるように、その創作物に著作者の個性と知恵を表せる独創的な内容が求められている。したがって、独創性というのは、当該著作物が著作者の独自で完成したものであるというだけでなく、少なくともある程度のオリジナリティがあり、著作者の個性と知恵を表せるという意味合いも含まれる。ところが、いわゆる「ある程度のオリジナリティ」とは、主観的に判断される評価基準であるため、申立人の図形が著作権法上の著作物に該当するか否かという判断については、裁判官の自由裁量に委ねられるものであり、その判定結果によって事件審理の結論も異なる。そのため、「独創性」の判断基準は、実務で議論になるケースも多い。以下では、これに関連する事例を紹介する。

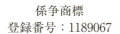

係争商標
登録番号：1189067

引用商標1

引用商標2

50

　第1189067号の商標に対する異議申立再審事件[2]において、異議申立人である三洋電機株式会社（引用商標1と2の商標権者である）は、引用商標1における「N」という図形に対して著作権を有していると主張したが、商標評審部門はこれを認めなかった[3]。三洋電機株式会社は当該裁定の結果に不服として北京市第一中級人民法院に行政訴訟を提起した。一審法院は、引用商標1における「N」という図形が著作物に該当し、係争商標が異議申立人の著作権を侵害したと判断した上、商標評審部門に上記裁定書を取り消すように命じた。商標評審部門はこれを受け、（2007）商評字第4101号再審第95号裁定を下した。

　これに類似する事件としては、第1204572号「NIfCO」商標（下記図1）争議事件[4]、第1911013号「DAJIN及び図形」商標（下記図2）異議申立再審事件[5]、第1221484号「Z字図形」商標（下記図3）争議事件[6]、第1599095号「南寿及び寿老人図形」商標（下記図4）争議事件[7]などの複数の事件が挙げられる。第1204572号「NIfCO」無効宣告請求事件において、係争商標は申立人が先行して使用する商標と同一であり、申立人はその引用商標に著作権があるとの主張について、商標評審部門は、係る独創性の問題について以下のことを指摘した。

　　「NIfCO」商標におけるアルファベット「f」が他の四つのアルファベット「N」、「I」、「C」及び「O」と比較して、フォント、大文字／小文字、色彩及び大きさの比例などの面において異なっているため、当該アルファベットの組み合わせは一定の特徴を持っていると解すべきである。しかし、当該商標は通常のフォントのアルファベットによってのみ構成されており、それは著作権法上の著作物と認定することができない

2）　異議申立再審裁定：商評字（2007）第4101号；一審裁判：北京市第一中級人民法院（2007）一中行初字第1115号行政判決書；商標評審部門の再審裁定：商評字（2007）第4101号再審第95号。
3）　商評字（2007）第4101号商標異議申立再審裁定書。
4）　商標争議裁定：商評字（2006）第528号。
5）　商標再審裁定：商評字（2009）第20709号。
6）　商標争議裁定：商評字（2007）第4365号。
7）　商標争議裁定：商評字（2009）第30194号。

と結論づけられた。第 1911013 号「DAJIN 及び図形」商標異議申立再審事件において、申立人であるダイキン工業株式会社（引用商標の商標権者）はその引用商標に著作権があるとの主張した。これに対し、商標評審部門は独創性の問題について以下の通り指摘した。

引用商標における図形は、二つの重なった黒と青の三角形によって構成され、それは美学的価値かつ一定の独創性のあるアートデザインをなし、中国の著作権法によって保護される美術の著作物に該当する。

第 1221484 号「Z 字形」無効宣告請求事件において、申立人であるボッシュ株式会社（引用商標の商標権者）はその引用商標に著作権があるとの主張した。これに対し、商標評審部門は独創性の問題について以下の通り指摘した。

申立人の引用商標の図形におけるアルファベット「Z」の中間部分に白い正方形の裂け目があり、その左側と右側にそれぞれ同じ大きさの黒い正方形があることから、それは独特な形状を備えており、線や色彩などによって構成された美学的価値のある平面美術品に属し、かつ独創性と複製可能性があるため、著作権法において保護される。

第 1599095 号「南寿及び寿老人図形」商標紛争再審事件において、申立人はその引用商標に著作権があると主張した。これに対し、商標評審部門は、独創性の問題について以下の通り指摘した。

「伝統的な寿老人」という図形は誰でも利用できるフリー素材ではあるが、下記図4に示されたように、寿老人の左手に持っている桃を茶碗に置き換えたことによって、一定の独創性を持つようになったと思われる。

図1：係争商標　登録番号：1204572

図2：係争商標
登録番号：1911013

引用商標

図3：係争商標
登録番号：1221484

引用商標

図4：係争商標　登録番号1599095

3.2.2　思想・表現二分論

　思想・表現二分論は、著作権法の原理であり、それは著作権によって何を保護するか、その対象範囲を定め、それを公共領域と区別させる目的として設けた重要な制度であり、また文化産業の活性化させるという著作権法の政策目標を実現するための重要な保障でもある。本書の冒頭で引用した

第三章　先行著作権との抵触に係る商標評審事件の審理基準　*53*

TRIPS 協定第 2 部「知的所有権の取得可能性、範囲及び使用に関する基準」における第 1 節「著作権及び関連する権利」第 9 条第 2 項に規定されるように、「著作権の保護は、表現されたものに及ぶものとし、思想、手続き、運用方法又は数学的概念自体には及んではならない」。このような著作権の保護の基本原則こそ、思想・表現二分論と言われている。思想は著作物を創作する基礎ではあるが、単に思想の過程やアイデアそのものは著作物とみなされることができない。思想やアイデアは、記述したり口述したりすることによって表現されなければ、そのアイデアを表している独創的な表現は著作権法によって保護されない。アイデアは独創性の基盤であり、もしアイデアそのものが著作権法の保護を受けられるのであれば、表現の自由が著しく制限されることになり、それは明らかに著作権法の立法趣旨に反する。思想・表現二分論は、前述した独創性の概念と緊密に関わっており、著作権法上の独創性とは、著作物の中身が外在する表現に関する独創性とのことであり、思想そのものではない。係争商標が他人の著作物を盗作し剽窃したか否かに関する判定に際して、表現方法と内容に係るアイデアを区別しなければならない。剽窃や模倣の対象は著作物の表現方法であるのに対し、学習や参考の対象は著作物のアイデアである。剽窃や盗作について、「アイデア」及び「観念」などは著作権法に保護されるものではないため、他人の著作物におけるアイデアを利用して二次的な創作を行うことは、剽窃にはならない。

　一方、思想と表現の区別に関しては統一かつ明確な基準が欠けている。とりわけ、場合によっては、著作物の思想内容と表現方法が混在しており、思想が表現に見えるようなこともあれば、表現の中に秘められることもある。あるアイデアがある非常に具現化した表現方法を通して表れて著作物の創作過程の基礎又は媒介となれば、このアイデアに対する記述には独創的な表現方法の要素が含まれる可能性がある。この問題について、第四章における「架空のキャラクターの名称及び著作物の名称」の部分において、更なる検討を行う。

係争商標　登録番号：1706277　　　　引用商標　登録番号：G793786

　「Dragster」（商標登録番号：第1706277号）無効宣告請求事件[8]において、被申立人（係争商標の商標権者）は、商標評審部門の裁定に不服として行政訴訟を提起した。その主張の一つは、引用商標における英単語「Dragster」は固有の意味を持つ既存の単語であるため、著作権法の保護対象にならないということである。商標評審部門はその答弁理由において次のように述べた。

　　英単語の「Dragster」自体は著作権法に保護されるものではないが、「Dragster及び図形」標識における中国語文字及び図形との組み合わせは一体したものであり、視覚上で美学的価値及び一定の独創性を有しているため、引用商標の標識は全体として中国の「著作権法」によって保護される美術の著作物に属すると解すべきである。

係争商標　登録番号：1555488　　　　引用商標　登録番号：G424064

　「ARTSANA」（商標登録番号：第1555488号）商標異議申立再審事件[9]において、申立人（引用商標の商標権者）による、その引用商標が著作権と抵触するとの主張について、商標評審部門は、思想・表現二分論について以下

---

8)　商標争議裁定書参照（事件番号：商評字（2009）第27412号）。
9)　商標異議申立再審裁定書参照（事件番号：商評字（2009）第8848号）。

通り指摘した。

　　申立人の引用商標における英単語の「ARTSANA」は作られた語彙であり、それは固有の意味がないが、図形と文字との全体は表現方法において独創性に欠けているため、中国の著作権法によって保護される著作物と認めることができない

と解すべきである。

3.2.3　屋外に設置される美術の著作物の合理的使用

　合理的使用は著作権者の利益と公共利益とのバランスを取るための重要な手段の一つであり、合理的使用についての判断基準の違いは、著作物に対する公共的な利用の範囲に大きな影響を与える。上記 1.4.3 で述べたように、一部の事件は商標権と屋外に設置される美術の著作物の著作権との抵触に関わっている。屋外に設置される美術の著作物とは、屋外の公共的場所に設置され又は展示される彫刻、絵画、書道などの美術の著作物のことをいう。中国の著作権法によると、法律に別段の定めがある場合を除き、著作者の許可なしに、立体の美術の著作物を平面的に使用することは、その著作者が有する複製権を侵害することになる。ここの「法律に別段の定めがある」というのは、主に次の 2 つの場合を指す。(1) 個人使用のために前述した作品の模写や絵画を作成することなどは、合理的使用である。(2) 模写した者がある程度の創作的な知的労働（例えば、前述した美術の著作物の構成要素を添削してアレンジすること）を行った場合、このような自己の創作性を反映した模写の著作物については、独立した著作権を有することができる。「著作権民事紛争事件の審理における法律適用の若干問題に関する最高人民法院の解釈（2020 年改正）」第 18 条の規定によると、屋外の社会公衆が活動する場所に設置され又は陳列される彫刻、絵画、書道等の美術の著作物に対して、模写、描画、撮影又は録画する者は、その成果を合理的な方法及び範囲内で再利用することができ、係る行為は権利侵害に該当しない。

したがって、問題となるのは「合理的な方法と範囲」の定義についてである。まず、「合理的な方法と範囲」について、第一義的には、著作権法における合理的使用の概念に適合しなければならない。次に、このような「再利用」は、先行著作物の正常な利用を妨げてはならず、かつ先行著作権の権利者の権利を侵害してはならない。一方、模写、絵画、撮影などは原作をそのまま再現しただけであり、いかなる新たな創作もないのであれば、このような模写品又は写真を原作の著作者の許諾なしに商標として登録出願することは、明らかに「合理的な方法と範囲」ではない。

係争商標　登録番号：878708　　「炎黄二帝」という巨大型彫刻作品の実物写真

「炎黄二帝」という図形商標（登録番号：第878708号）の無効宣告請求事件[10]において、同商標は上記右側の図に示されており、これは中国河南省鄭州市黄河旅行観光地に位置している巨大な彫刻作品（作品名：炎黄二帝）に対する模写である。本件商標無効の審理において、申立人である「炎黄二帝」の彫刻作品の著作権者は、河南省高級人民法院（1998）豫法民終字第39号判決書を証拠として提出した。同判決書は、本件申立人が「炎黄二帝」の彫刻の荒彫り、平面図形及び図柄に対し著作権を有している事実を認定するものである。これを受け、被申立人（係争商標の商標権者）は、

> 係争商標に係る原作は同社の従業員が「炎黄二帝」の彫刻作品を手本として模写したものであり、それは絵画作品に属しており、申立人の「炎黄二帝」の彫刻及びその平面図形とはアイデアにおいても表現方法においても異なっている。したがって、係争商標は申立人の「炎黄二帝」に係る著作権を侵害していない

---

10)　商標争議裁定：商評字（2003）第0963号。

と反論した。これに対し、商標評審部門は以下の通り裁定した。

　　係争商標の図形は、申立人の「炎黄二帝」の彫刻作品と、全体的な形状、キャラクターの形態及び特徴において非常に類似しているため、申立人の彫刻の著作物に対する剽窃及び複製に該当し、被申立人が係争商標を登録出願した行為は、申立人の権利を侵害したと解すべきである。したがって、たとえ係争商標の図形は被申立人の従業員が黄河旅行観光地に位置する「炎黄二帝」の彫刻を模写したものであったとしても、被申立人が著作権者である申立人の許諾を得ずにそれを商標として登録出願した行為は、著作権者の権利を侵害しており、それは禁止されなければならない。

3.3　著作権の帰属及びその証明

3.3.1　著作権者と利害関係人

　著作権の発生は著作権法によって規定されていることに鑑み、著作権の帰属についても著作権法の関連する規定に従って判定されるべきである。中国の著作権法（2020 年改正）第 11 条の規定によると、同法に別段の定めがある場合を除き、著作権は著作者に属する。また、反する事実を示す証拠がない限り、著作物に氏名が表示された自然人、法人又はその他の組織を著作者とみなす。しかし、多数の商標評審事件において、先行著作権を主張したのは必ずしも著作者本人ではなく、著作権の利害関係人である。例えば、多くの商標は、その内在的な顕著性を高めるために独特なデザインを採用しているが、商標の創作目的及びその成果物については、その商標が著作権法上の著作物に該当するか否かとは無関係であるため、このようなユニークな商標は同時に著作権法上の保護を受ける可能性がある。また、このような商標は、出願人自身がデザインする場合以外に、出願人がそのデザインを他人に委託する場合が多い。

　委託著作物については、同法第 19 条において、「委託を受けて創作された著作物の著作権の帰属は、委託者と受託者が契約によってそれを定める。契約に明確な定めがない場合又は契約を締結していない場合には、著作権は受託者に帰属する」と規定されている。そのため、一部の商標評審事件における申立人

は委託著作物の委託者であり、すなわち著作権者又はその利害関係人として先行著作権を主張できる。

また、中国法上の職務著作物は、日本の著作権法（2022年施行）第15条でいう「職務上作成する著作物」という概念とは異なり、中国の著作権法（2020年改正）第18条第1項では、「自然人が法人又はその他の組織の業務遂行において創作した著作物は職務著作物とし、本条第2項[11]に定める場合を除き、著作権は著作者が享有する」と規定されている。したがって、一部の商標評審事件における申立人は法人又はその他の組織であり、すなわち先行著作権の利害関係人として著作権を主張できる。

係争商標　登録番号：1201113

「富佳及び図形」（商標登録番号：第1201113号）無効宣告請求事件[12]において、申立人は係争商標が先行著作権に抵触しているという申立人の主張した。これに対し、商標評審部門は申立人適格の問題に関して以下の通り裁定した。

---

11)　中国「著作権法（2020年改正）」第十八条第二項「次の各号に掲げる事由のいずれかに該当する職務著作物については、著作者は、氏名表示権を享有し、法人または非法人機関は、著作権その他の権利を享有する。法人または非法人機関は、著作者に報奨を与えることができる。
　（1）主に法人又は非法人機関の物質的及び技術的資源を利用し、かつ、法人または非法人機関の責任の下に創作された工学設計図、製品設計図、地図、図式またはコンピュータ・ソフトウェアなどの職務著作物。
　（2）新聞社、定期刊行物出版社、通信社、ラジオ局、テレビ局の職員が創作した職務著作物。
　（3）法律、行政規則の規定または契約の約束に基づき、法人または非法人機関が著作権を享有する職務著作物。」
12)　商標争議裁定：商評字（2005）第4376号。

申立人が提出した図形のデザインに関する委託書の写し及びデザイン原稿のファックスデータを合わせることで、上記図形は申立人が第三者に委託して1997年1月7日に作成したものであることを証明できる。図形のデザインに関する委託書に成果物の著作権の帰属について明確な定めがない場合には、申立人は委託者として、先行著作権の利害関係人として先行権利を主張することができる。

3.3.2　初歩的な証拠

一旦、著作物の創作が完成したら、いかなる手続きも必要なく自動的に著作権が発生するが、著作権に関連する司法手続においては、申立人（先行著作権を主張する側）は、自分が著作権を享有するか又は著作権の利害関係人であることを立証しなければならない。また、著作権の帰属を証明できる証拠については、上記2.1.1における「商標審査審理指南」に関する適用要件にて列挙されている。なお、事件審理実務において、一部の事件では、著作権登録証書が無効宣告請求の提出後に作成されたものであるため、当該著作物の完成日を含む登記事項について、その他の証拠が必要とされる。当該著作物が先行して公表されている事実を証明するための証拠は、比較的に客観的で証明力が高い。一方、非公開の環境で行われた創作活動の場合、当該著作物の創作が先に完成されていることを証明できる証拠を収集するのは比較的困難であるが、もし委託著作物の場合、業務委託契約書、デザイン原稿及び業務委託費用の支払証明など一連の証拠が揃っていれば、非常に強力な証拠になる。それ以外に、人民法院が発行した有効な裁定書や判決書に記載された申立人が先行著作権を有しているという事実については、十分な反対証拠がある場合を除き、事実として認められるべきである。

なお、申立人が先行著作権を有している事実を証明する「初歩的な証拠」については、どの程度の挙証責任を負わせるのかが依然として問題となっている。例えば、上述したように、一部の商標標識そのものは同時に著作権法上の著作物に該当する可能性があることに鑑み、商標権者が商標登録証書だけを提出した場合に、商標権者がその商標標識について著作権を有している

ことを証明できるか否かについては、しばしば議論が起こる。ある見方によれば、創作活動は比較的に非公開の環境で行われるものが多いため、申立人（先行権利者）がその創作過程を証明する証拠を提出することが困難である。そこで、申立人の立証責任に対する要求が高すぎると、申立人がその先行著作権を主張しにくくなるおそれがある。したがって、申立人が先行して登録出願した商標について、その商標登録証書は「初歩的な証拠」であり、十分な反対証拠がない限り、申立人は先行商標標識に係る著作物の著作権者であると推定できる。また、この他には、著作権は自動的に発生するものであるため、他の権利への対抗力が比較的弱いという見方もある。したがって、申立人は、著作権を有していることを証明するために、十分な証拠を提出しなければならない。

　筆者の見解を述べると、商標登録証書は「初歩的な証拠」であり、他の証拠を合わせて先行著作権を有している事実を証明しなければならない。なぜなら、商標登録証書の効力は、商標権者がその指定商品において、その商標標識の独占的使用権を有するという事実を証明することに限定されるべきだからである。商標登録証書の効力を拡大し、商標登録証書だけで商標権者がその商標に関連する著作権も有していることを証明できるとすれば、商標権者は事実上、すべての商品又は役務において他人がその商標と同一又は類似する標識への使用を禁止できるという事態になる（前述の2.2.1で述べたように、中国の商標法（2019年改正）第32条によると、先行著作権を保護し商標権と先行著作権との抵触問題を解決するとき、先行著作権に基づく禁止権の範囲については、指定商品や役務の区分を問わない）。

　上記のような結果が生じれば、商標法制度の基本秩序と法制定の目的が完全に覆されることになる。言い換えれば、商標法制度の目的は特定の商品や役務と結びつく商標標識を保護することであって、単に標識そのものを保護することではない。商標権が発生する基礎と前提は、その標識が誰によって作られたかということではなく、誰がその標識を特定の商品や役務と結びつけたかということであるため、権利者の登録商標に基づく使用権も、登録が許可された指定商品について、その登録商標を使用することに限定されるべ

きである。また、登録商標に基づく禁止権については、馳名商標の場合を除き、一般的には、同一若しくは類似する商標、又は同一若しくは類似する商品までにしか拡大できない。

　上記のような結果はまた、商標登録制度に係る「地域性」という基本原則を打ち破るおそれがある。例えば、申立人の本意は中国で商標権法の保護を求めるつもりであるが、その商標標識が中国本土以外で商標登録出願がなされていたとしても（中国を指定国としていないマドリッド商標登録出願を含む）、もし同標識が中国で先行使用されていない場合、中国「商標法」の保護を受けるのは困難である。ところで、域外の商標登録証書（マドリッド商標の登録証書を含む）については、申立人が当該域外における商標標識に対して著作権を有していることを証明する証拠であると認められた場合、その国も「ベルヌ条約」の加盟国であれば、申立人の域外の先行商標権は著作権として中国で保護されることが可能となり、すなわち、商標権保護に係る地域性という壁が簡単に突破されることになる。

　以上の原因を考慮して、商標権者はその商標に対して非常に強い保護の意図を持つのであれば（馳名商標に対する法的保護よりも強力な場合も想定される）、「権利と責任のバランス」の原則に基づいて、それに相応する十分な立証責任を負わせるべきである。

　また、1.3.1で著作権の取得方法について述べたように、著作権関連紛争事件において、著作権登録証書を著作権の帰属を確定する初歩的な証拠とすることができる。ただし、著作権は自動的に発生することに鑑み、著作権登録を行うか否かについては、著作物の権利付与とは無関係であるため、登録手続きは著作権法の保護を受けるための実質的な要件ではない。したがって、著作権登録証書は依然として初歩的な証拠に留まり、著作物の独創性又は著作権の帰属の証明に関して、その証明力が必然的に高いと安易に考えることは妥当ではない。

　もちろん、この問題に対する見解について、個別事件においては具体的な事件内容を逸脱してはならず、双方当事者の証拠を全面的かつ客観的に考察した上、法的原則と論理や推理、日常の経験法則を踏まえて、個別の証拠の

証明力を審査し判断しなければならない。その上、事件に関連するすべての証拠に対して、各証拠と事件事実との関連性、及び各証拠の間の関係などの観点から総合的な審査と判断を行い、一連の証拠がどちらの当事者に有利に働くのかについて慎重に判断すべきである。

係争商標　登録番号：1107482

引用商標

第1107482号「老人城及び図形」無効宣告請求事件[13]において、申立人（引用商標の商標権者）の商標登録証書のみで、申立人が引用商標の図形に関する著作権を有していることを証明できるか否かについて、商標評審部門は以下の通り判断した。

> 申立人の引用商標は係争商標より早く登録されており、当該「老人像の図形」は著作物に関する独創性の要件を満たすため、中国「著作権法」において保護される美術の著作物に属し、また、申立人が当該著作物に対して著作権を有している

と解すべきである。本件は最終的に行政訴訟（一審と二審）まで進行した。一審判決では、

> 引用商標が登録されており、また被申立人も反対する証拠を提出していないことを考慮し、法院は法に基づき、申立人が引用商標に係る美術の著作物の著作権者であると認定した。

二審判決によると、

---

13)　商標争議裁定：商評字（2009）第6229号。行政裁定不服行政訴訟第一審：北京市第一中級人民法院（2009）一中行初字第1461号行政判決書。第二審：北京市高級人民法院（2009）高行終字第1350号行政判決書。

引用商標の出願及び登録公報は同商標の図形に係る著作物の公表とみなせる
としても、それは申立人が引用商標の商標権者であることを示しただけであ
り、申立人が必然的に当該引用商標の図形に係る著作物の著作権者であること
を示すものではない。中国「著作権法（2001年改正）」第11条第4項（現行
「著作権法（2020年改正）」第12条第1項と同様）でいう「署名」は著作者で
あることを明らかにし、当該署名者がその著作物の著作者であるという情報を
公衆に伝えることを目的としている。一方、商標の登録出願や登録公報に記載
されている商標出願人や商標権者の名称は、登録商標権の帰属を示すものであ
り、それは著作権法上で著作者の身分を表すための署名ではない。

3.3.3　権利保護期間とタイミングについて

いわゆる「現有の先行権利」とは、（1）申立人の著作権は係争商標の出願
日前に発生し、かつ（2）申立人の著作権は係争商標の登録が許可された時
点で依然として有効な権利、をいう。上記（2）について、とりわけ係争商
標の登録が許可された場合に、注意すべきなのは、「申立人の著作権は依然と
して有効であるか」ということは、係争商標の登録が許可されたときの事実
や状態であって、無効宣告請求が申立てられたときの事実や状態ではないこ
とだ。なぜならば、一旦係争商標の無効が宣告されたら、その商標権は最初
から存在しなかったものとされるからだ。また、上記（2）については、著
作権法において保護される著作物がある登録商標の図形の一部になった場
合、その著作権の権利保護期間は商標の登録と更新によって無期限に延長す
るものではない。著作権の権利保護期間が満了した後、係る商標の商標権者
は商標権しか行使できず、商標標識における著作物に係る著作権を行使でき
なくなる。

3.4　著作権侵害判定の原則：接触並びに同一又は実質的に類似

商標と先行著作物との抵触に関する判断は実際には商標ではなく、著作物
の同一又は実質的な類似に関する判断であり、それは著作権侵害の基本的な
判定方法とは同様である。一旦、先行著作物に接触した事実が確認され、か
つ、先行著作物と同一又は実質的に類似している場合、先行著作物に対する

権利侵害が認められる。この判定基準は著作権侵害を判定する上で重要なルールである。

3.4.1 接　触

「接触」とは先行著作物の存在を知っている又は知っているはずのことであり、言い換えれば、先行著作物は公衆によって知られることができ、又は特定の理由によって特定の主体によって知られることができることを指す。例えば、先行著作物が被申立人の国で入手可能であったり、広く伝播されたりする場合、被申立人は先行著作物に「接触」することができる。「接触」問題を研究する目的は、既存の著作物を知らずに創作した作品が偶然一致したことを排除するためである。もし後の著作物が先行著作物とは同一又は実質的に類似しており、後の著作物の著作者がその著作物は独立に創作されたものであることを証明できない場合、先行著作物の普及と知名度を踏まえて、後の著作物の著作者が先行著作物に接触した、又は接触した可能性があると推定でき、いわば先行著作物の存在を知っている又は知っているはずであることから、後の著作物が先行著作物に対する盗作であることが推定できる。

係争商標　登録番号：1455854　　　　先行著作権のある著作物

第1455854号「祥獅及び図形」無効宣告請求事件[14]において、申立人であるイギリスのサッカー連盟（THE FOOTBALL ASSOCIATION PREMIER LEAGUE LIMITED）が提出した証拠により、上記右側の図形におけるライ

14）　商標争議裁定：商評字（2005）第3584号。

オンは、MTP 社が申立人の委託を受けてデザインしたサッカーのプレミア
リーグの標識であり、また 1997 年 6 月 27 日付けで関連の著作権を申立人に
譲渡した。そのため、申立人は当該図形の著作物の著作権者である。被申立
人は 1999 年 7 月 12 日に係争商標の登録出願を行った。係争商標が先行著作
権に抵触しているという申立人の主張について、商標評審部門は侵害判定に
おける「接触」の問題を以下の通り判断した。

　　係争商標の出願日以前に、申立人は中国のテレビ局でプレミアリーグの試合
　　を放送したことがある。当該スポーツ番組の特徴により、プレミアリーグのロ
　　ゴマークであるライン図形はテレビに映っていたことがある。このため、被申
　　立人は係争商標を出願する際に申立人のライオンを模した図形を知っていた可
　　能性を排除できない。

3.4.2　独創性の部分に対する比較

　先行著作権との抵触に係る商標評審事件の審理において焦点となる問題
は、係争商標図形が他人の先行著作物とは同一又は実質的に類似しているか
否かということである。前述 3.2.1 における独創性及び 3.2.2 における思想と
表現の二分論に関する検討内容を踏まえると、先行著作物と他人が後に出願
した商標とを比較する際に、最も中核的な作業は二つの標識における独創性
の部分についての比較である。

　まず、表現と思想を区別し、次に、その表現における独創の部分は著作権
法が定める要件を充足するか否かを考察する。著作権法上の著作物に該当し
た場合、著作物における独創の部分について比較を行う。もし二つの著作物
における独創性の部分が同一又は類似していると認められれば、後の著作物
と先行著作物とが同一又は実質的に類似していると判定できる。

　また、商標の同一というのは、二つの商標は視覚的にほぼ区別がなく、そ
れらを同一又は類似する商品や役務に使用した場合、これを目にした公衆に
商品や役務の出所についての誤認を生じさせることをいう。商標の類似とい
うのは、二つの商標は文字のフォント、読み方、意味が類似し、又は図形商
標の構図、色彩、全体的な外観が類似し、又は文字と図形の組み合わせ及び

全体的な外観が類似し、又は立体商標の三次元標識の形状と外観が類似し、又は色彩商標の色彩若しくは色彩の組み合わせが類似していることであり、それらを同一又は類似する商品や役務に使用した場合、これを目にした公衆に商品や役務の出所を誤認させやすいことをいう。二つの商標においてフォント、アルファベット、又は文字の配列に些細な違いがあるだけの場合は、依然として同一商標と判定されるべきである。そのほか、二つの商標はフォント、デザインのスタイル、読み方又はそれらの配列における違いによって、公衆に商品や役務の出所を誤認させやすい場合は、これもまた類似商標と判定されるべきである。

　なお、平面商標又は立体的商標や標識における構成要素自体は、著作権法上で独立した著作物に該当する可能性があり、また、著作物の独創性はフォント、デザインスタイル又は構成要素の配列に表れていることが多い。そのため、場合によっては、二つの商標標識は、商標として類似ないし同一しているが、著作物の観点からは、両者は類似する著作物に該当しない。下記の事例はまさにその通りである。一方、二つの標識は著作物として類似しているが、商標としては類似していない可能性もある。例えば、先行著作物の全体は後に出願された商標の一部として他人により商標登録出願されたが、その商標の全体の外観は先行著作物とが類似していない。

| 係争商標　登録番号：3042351 | 引用商標　登録番号：1476867 |
| 指定商品：第26類　レースなど | 第19類：建築用モザイクなど |

　第3042351号「monalisa」（モナリザ）商標異議申立再審事件[15]における、係争商標が先行著作権と抵触しているという申立人の主張についての商標評

---

15)　商標異議申立再審裁定：商評字（2010）第5959号。

審部門の判断は以下の通りである。

　申立人が提出した引用商標の図形の著作権登録証書により、引用商標の図形に係る著作物は1999年7月1日に完成された美術の著作物であり、その著作権者は本件申立人である。これに対し、被申立人が十分な反対証拠を提供しなかったため、係争商標の出願日以前に、申立人は既に引用商標における美術の著作物の著作権を取得したと商標評審部門は判断した。しかしながら、係争商標におけるアルファベット「m」は芸術的にデザインされており、その表現形式及び視覚的な効果は申立人の著作物におけるアルファベット「M」と異なっている。くわえて、係争商標におけるアルファベット「monalisa」は一般的なフォントであり、その表現形式及び視覚的な効果は申立人の著作物におけるアルファベット「M」に比べて明らかな差異がある。以上の理由から、商標評審部門は係争商標と申立人の著作物とが著作権法上の実質的な類似著作物ではないと判断した。

3.4.3　全体的観察及び要部観察

　これは商標の類似性判定の基準に似ており、つまり全体的観察と要部観察を合わせることである。係争商標標識が先行著作物と実質的に類似しているか否かを判定する際に、二つの標識の全体的な外観とそのうちの最も本質的な部分を比較分析するものとし、具体的に、著作物における本質的な部分は何か、またこの本質的な部分は著作物の中でどれぐらいの割合を占めているか、さらにこのような最も本質的な部分が同一又は実質的に類似しているかを考察すべきである。

係争商標　登録番号：1107482　　　　　　　　引用商標

上述した第1107482号「老人城及び図形」無効宣告請求事件[16]において、係争商標と引用商標図形が著作物として類似しているか否かという問題について、商標評審部門は以下の通り判断した。

係争商標における「老人像の図形」と引用商標における「老人像の図形」とは構図要素、デザインスタイルが基本的に一致しているため、被申立人が申立人の許諾なしに、申立人が著作権を有する図形「老人像の図形」を包含している係争商標を登録出願したことは、中国「商標法（2001年改正）」第31条（現行中国「商標法（2019年改正）」第32条と同様）でいう「他人の既存の権利」をへ侵害に当たる。

本件は最終的に行政訴訟まで進行しており、一審法院は以下の通り判示した。

係争商標と引用商標を比較すると、確かに両者は全体的に違っている。しかし、著作物に関する実質的な類似とは、著作物が全体的に類似しているだけでなく、後の著作物が先行著作物の一部と類似している部分を包含する場合もある。したがって、係争商標と引用商標との間に全体的な差異が存在することは、両者が必ずしも実質的に類似している著作物に該当しないことを意味しない。

本件においては、係争商標における「老人像の図形」と引用商標における「老人像の図形」とは基本的に同一であることを考慮し、係争商標における当該部分は引用商標とは著作物として実質的に類似していると判断される。

---

16) 商標争議裁定：商評字（2009）第6229号。行政裁定不服行政訴訟の第一審：北京市第一中級人民法院（2009）一中行初字第1461号行政判決書。第二審：北京市高級人民法院（2009）高行終字第1350号行政判決書。

第三章　先行著作権との抵触に係る商標評審事件の審理基準　　69

　　係争商標　登録番号：1100347　　　　先行著作権のある著作物

　第1100347号「黒いコウモリ」図形の商標異議申立再審事件[17]において、申立人であるDCコミックス社（DC COMICS）は、「BATMAN（バットマン）」は芸術家のボブ・ケイン氏が1939年に創作した有名な架空のキャラクターであり、申立人が1985年11月21日にアメリカで、「黒いコウモリ」の図形を含む「バットマン」に関する著作物全体の著作権を譲り受けたと主張した。しかし、申立人が提出した有効な著作権証明の証拠に添付されている図形はいずれも「バットマン」の全体的なイメージであり、単独の「黒いコウモリ」の図形は含まれていなかった。係争商標が先行著作権と抵触しているという申立人の主張について、商標評審部門は以下の通り判断した。

　　申立人が有している著作権は、独創的な知的労働成果である「バットマン」という著作物によるものであるため、著作権法によって保護されているのは架空の「バットマン」というキャラクターの全体的なイメージ及びそれをメインキャラクターとした著作物のことである。「バットマン」は架空のキャラクターとして、その具体的な衣装とスタイルには多様な表現形式があり、一部のスタイルにおいては、「バットマン」の胸につけているバッジ又は鎧には「黒いコウモリ」の模様が描かれている。著作権法上の著作物は独創性のある知的成果を指す。申立人の「バットマン」というキャラクターの胸につけている「黒いコウモリ」の図形についていえば、これと自然界に客観的に存在するコウモリに対する人々の様々な描写とを比較した場合、一般の消費者がその注意力を以て申立人の「黒いコウモリ」の図形が独創的なデザインであるか否かを識別

---

17)　商標異議申立再審裁定：商評字（2005）第3282号。

することが困難である。くわえて、その「黒いコウモリ」の図形は「バットマン」のキャラクターの個別のスタイルの局部にのみ現れていることから、消費者にとってこの局部の図形だけで「バットマン」というキャラクターの全体的なイメージを連想させることも難しい。以上により、当該「黒いコウモリ」の図形は、単独で申立人の著作物の独創性を示すことができず、かつ「バットマン」というキャラクターの全体的なイメージと内在的に統一した安定的な関連性も形成していないため、それは単独に「バットマン」というキャラクターの全体的なイメージにおける顕著な特徴を表せるものではない。なお、申立人が「バットマン」というキャラクターの全体的なイメージに対して著作権を有しているとしても、申立人が当該キャラクターのすべての局部に対して独立した著作権を有していると推定できない。申立人はまた、「黒いコウモリ」の図形がその図書や映画における「バットマン」の唯一のシンボルであり、尚且つ広範囲でのライセンスにより、「黒いコウモリ」の図形は既に世界中の消費者に熟知されるシンボルになっていると主張した。ところが、上記主張を裏付ける証拠が欠けているため、申立人による「バットマン」というキャラクターに対する宣伝や使用の状況を立証できず、さらに、単独の「黒いコウモリ」の図形が、係る著作物や商品が専ら申立人に由来することも証明できなかった。したがって、申立人は単独の「黒いコウモリ」の図形に対して先行著作権を有しているとはいえず、係争商標は申立人の先行著作権を侵害していない。

3.5　その他の要因

　後の著作物が他人の先行著作物に対する剽窃又は複製であるか否かを判断する際に、上記の決定的な要因のほか、独創性のレベル、類似性のレベル及び先行著作物の知名度などの要因を考慮に入れる必要がある。上記それぞれの要因の影響力は個別のケースによって異なっている。例えば、先行著作物が非常にユニークで有名であり、後に出願された商標が先行著作物とほぼ同一であるとした場合、その商標の出願人が先行著作物に接触していない可能性はほぼないと推定できる。なぜなら、一般の確率からみて、他人の先行著作物に接触して剽窃した場合を除き、二人の著作者がそれぞれ自らの知的労働によって創作した著作物が、完全に同一であることはほぼ不可能であり、たとえ同一又は類似しているところがあったとしても、そのような部分は合

第三章　先行著作権との抵触に係る商標評審事件の審理基準　　71

理的な限度を超えないはずだからだ。

　　係争商標　登録番号：1790431　　　　引用商標　登録番号：3157390
　　出願日：2001 年 3 月 12 日　　　　　　出願日：2001 年 4 月 24 日

　第 1790431 号「五葉神」無効宣告請求事件[18]において、申立人（引用商標の商標権者）が提出した証拠により、引用商標における書道の著作物と図形の著作物はそれぞれ、温柏珍氏と潘友林氏が申立人の委託を受けて 1999 年に創作したものであり、申立人は係る著作権の利害関係人である。しかし、被申立人が当該書道の著作物に接触した又は接触した可能性があるという問題について、申立人が提出した証拠は不十分である。これについて、商標評審部門は以下の通り判断した。

　　申立人の引用商標における漢字の「五葉神」は通常のフォントで書かれたものではなく、その書き方の構造や特徴は著作者の独創性を示している。一方、通常、複数の人がそれぞれ独立して書いた「五葉神」という文字の構造や書き方などの特徴がこれほど一致している可能性は極めて低いのに、係争商標と申立人の引用商標における漢字「五葉神」の部分には視覚的な違いがほとんどないため、係争商標は申立人の引用商標に係る書道の著作物の複製品と認めるべきであり、申立人の先行著作権を侵害すると推定できる。

3.6　合理的抗弁

　被申立人（係争商標の商標権者）の合理的抗弁には、以下のいくつかのパ

---
18)　商標争議裁定：商評字（2009）第 17772 号。

ターンがあると想定される。(1) 後願商標の出願人や登録人がその商標は自ら独立して完成させたものと証明できた場合、係争商標の登録出願は他人の先行著作権に対する侵害ではなくなる。ただし、商標評審実務において、被申立人はこの抗弁を立証できないことが多い。(2) 係争商標の登録出願が先行著作権の権利者の許諾を得ていることを後願商標の出願人や登録人が証明できた場合、係争商標の登録出願は他人の先行著作権に対する侵害ではなくなる。(2) の状況に係る権利抵触の争議は、委託著作物又は職務著作物の著作者と著作権の利害関係人との間で多発している。すでに3.3.1で述べたように、委託著作物については中国「著作権法（2020年改正）」第19条の規定において、委託契約が締結されていない又は著作権の帰属が明確に規定されていない場合は、著作権は受託者に帰属するものとされている。このような場合に、委託者が委託著作物を商標として登録出願を行うには、受託者である著作者の許諾を得ているかを検討する必要がある。また、職務著作物については、中国「著作権法（2020年改正）」第18条の規定によると、職務著作物の著作権は法律に別段の定めがある場合を除き、著作者が享有するものとされている。このような場合に、法人又はその他の組織がその従業員の職務著作物を商標として登録出願を行うには、まずは上述の「法律に別段の定めがある場合」に該当するかを検討する必要がある。もし該当しない場合、このような登録出願行為が従業員である著作者の許諾を得ているかを検討する必要がある。

　いわゆる「許諾」は「明示の許諾」でなければならないか、それとも「黙示の許諾」も含めるのかについては、商標評審の実務においてしばしば注目の集まる問題となる。

係争商標　登録番号：1792537

第三章　先行著作権との抵触に係る商標評審事件の審理基準　*73*

　第 1792537 号「詩仙太白」無効宣告請求事件[19]において、申立人（書道作品の著作者）は、かつて係争商標の商標権者の従業員であった。被申立人（係争商標の商標権者）は 1985 年に商標登録出願を行うため、申立人に対し「詩仙太白」という書道の著作物（係争著作物）を作成するよう求めた（申立人の職務ではなかった）。申立人は、自分の書道が商標として登録出願されることを承知した上、複数件の書道作品を作成した。2001 年に、被申立人は係争商標の登録出願を行い、2006 年にその登録が許可された。2007 年に、申立人は商標評審部門に無効宣告請求を申立て、係争商標の登録を取り消すよう主張した。

　本件については、次の大きく分けて二つの事実及び法律関係を明らかにする必要がある。一つ目は、係争著作物が職務著作物に該当するか否かという問題である。「職務著作物」は雇用関係に基づいて従業員がその雇用者である法人のために作成した著作物である。一部の国（特に大陸法系の国）の著作権法によると、著作物に関する財産的権利は法人に帰属する。その他の国（特に英米法系の国）の著作権法によると、著作物に関する全ての権利は著作者に帰属する。例えば、日本「著作権法（2022 年施行）」第 15 条では、「法人その他の使用者の発意に基づきその法人等の業務に従事する者が職務上作成する著作物（プログラムの著作物を除く）で、その法人等が自己の著作の名義の下に公表するものの著作者は、その作成の時における契約、勤務規則その他に別段の定めがない限り、その法人等とする」と規定されている。中国「著作権法（2020 年改正）」第 18 条では、「自然人が法人または非法人機関の業務遂行において創作した著作物は、職務著作物とし、本条第 2 項に定める場合を除き、著作権は、著作者が享有する。ただし、法人または非法人機関は、その業務範囲内において、それを優先的に使用する権利を有する」と規定されている。上記の異なる国の法律で「職務著作物」については、共通する基本的な判断基準が定められており、つまり、係る著作物はその職務を遂行するために作成されたものであり、言い換えれば、係る著作物の創作は従業員が行うべき職務であ

---

19)　商標争議裁定：商評字（2010）第 6194 号。

る。しかし、本件では係争商標の商標権者が申立人に書道の著作物の創作を要求した理由は、申立人が書道家であることに限られ、書道作品の創作は申立人の職務範囲に属さない。そのため、商標評審部門は、当該書道の著作物は「職務著作物」ではなく、「委託著作物」に該当し、ただその委託関係はたまたま従業員と企業の間での雇用関係と重なったに過ぎないと判断した。よって、「詩仙太白」という書道の著作物は、申立人が商標登録者の委託を受けて創作したものであり、双方が著作権の帰属につき明確に約定しなかった場合、著作権は申立人に属すべきであると判断した。

　二つ目は、双方当事者の間では事実上の業務委託関係が生じていたが、書面の契約書を作成しておらず、かつ明示での権利の付与に関する証拠もない場合に、被申立人が当該書道の著作物を商標として登録出願した行為が著作権者の許諾を得ているか否かに関する判断である。ある一つの見解によれば、係争商標の登録名義人は、他人の著作物を商標として登録出願した行為が著作権者からの直接的かつ明確的な許諾を得ていることを証明すべきである。この見解の根拠は中国著作権法実施条例（2013 年改正）第 23 条 [20] の規定である。しかし、中国契約法（1999 年 10 月 1 日より施行、民法典の実施により廃止）第 36 条（中国民法典（2021 年 1 月 1 日より施行）第 490 条第 2 項 [21] と同旨）の規定によれば、書面契約を締結していないという理由だけで、使用許諾の存在という客観的な事実を否定すべきではないと筆者は考える。本件では、係争商標の登録人が著作者からの許諾を得ているか否かは本件の関連事実に基づいて判断すべきである。双方当事者が述べたように、申立人が「詩仙太白」という書道の著作物の作成を前に、係争商標の登録人が当該著作物を商標登録出願のために利用することを知りながらも、明確な反対の意思を示しておらず、かつ係争商標の登録人に選別させるために複数件の作品

---

20)　他人の著作物を使用する場合には、著作権者との間で使用許諾契約を締結しなければならない。使用を許諾した権利が専有使用権である場合には、書面の形式を取らなければならない。但し、著作物が新聞社、雑誌社に掲載される場合を除く。

21)　法律、行政法規又は当事者の契約により、書面の方式で契約を締結することが必要であるときに、当事者が書面の方式を用いていない場合であっても、一方当事者が既に主要な義務を履行し、相手方がこれを受領したときは、当該契約は有効とされる。

を作成した。このように、この事実上の委託創作関係は商標登録出願を目的としたものであり、申立人は自らの行為によって係る委託事項を受けて遂行したことが明らかであり、また、委託創作関係の目的が達成されたことが示されている。したがって、係争商標の登録が著作権者の許諾を得ていないことを認める十分な理由がなく、係争商標の登録は申立人の黙示での許諾を得ているといえよう。

　本件の結論は、「著作権民事紛争事件の審理における法律適用の若干問題に関する最高人民法院の解釈（2020年改正）」第12条と同趣旨である。同規定では、「『著作権法』第17条に規定される委託著作物の著作権が受託者に帰属した場合は、委託者は双方が取り決めた範囲で当該著作物を使用する権利を有する。双方に著作物の使用範囲に関する取決めがない場合は、委託者は委託創作の目的の範囲内で当該著作物を無償で使用することができる」とされている。この規定により、委託著作物に関わる委託者と受託者との利益のバランスをより公平的かつ合理的に取ることができる。また、著作権が受託者に帰属した場合には、書面の契約書を作成していないことだけが原因となって、委託創作の目的が実現できないという事態も回避できる。

第四章　実務における代表的な権利抵触問題の検討

4.1　架空のキャラクターの名称

4.1.1　著作権法の保護について

　架空のキャラクターとは、漫画、小説、映画、テレビ番組などの文学や芸術作品における架空の登場人物、動物その他の擬人化されたものをいう。理論上は、キャラクターが作品の実質的な要素になれば（すなわち明確な識別力と独創性を備える）、著作権法の保護を受けることができる。しかし、実務においては、前章内容や前述の「ポパイ」事件、「ハリー・ポッター」事件を含む数多くの案件で説明したように、多くの場合に架空のキャラクターは著作権法の保護を受けられるが、架空のキャラクターの名称については、それ単独で著作権法上の作品と認定されるのは難しい。したがって、商標権と先行著作権との抵触に関する商標評審事件において、架空のキャラクターの名称には独立した著作権があるという申立人の主張は、なかなか認められない。

　架空のキャラクターの名称が著作権法の保護を受けることが難しい要因については、主として、独創性の有無、思想と表現の二分論の二つが考えられる。キャラクターの名称は通常、単純な名前や呼称から構成されるものが多いが、著作物に係る独創性の要件からすると、一般的に、そのような文字やフレーズなどが独創性を持つことは難しいと思われる。なぜなら、著作権による保護の対象とされる作品は、一定の思想と感情を表現できるものでなければならないが、単純なキャラクターの名称は、他の要素との連携がなければ、係る意味や感情を独立して表現することは往々にして難しいからだ。したがって、キャラクターの名称が独創性のある著作物に該当するには、一定の量の情報を具備したものでなければならず、そうでなければ、文字やフレーズなどで構成された単純な名称や呼称は著作権法上の著作物として認める

ことはなかなか難しい。

　しかし、実際には、仮にある著作物が既に一般に知られている場合は、その代表的なキャラクターも同時に有名になるケースが多い。このような場合は、キャラクターの名称だけで、係るイメージや図形と関連付けなくても、関連公衆にこの架空のキャラクターを連想させることができる。それにもかかわらず、なぜ単独の架空のキャラクターの名称が著作権法上の著作物として認められないのだろうか。それ理由はおそらく次のようなものだろう。公衆にとっては、このような架空のキャラクターは既に抽象的概念となっており、その著作物の具体的な表現から昇華してきたキャラクターのパーソナリティを反映し、そのキャラクターを通じて係る著作物のあらすじを連想させることができる。ただし、いずれにせよ、キャラクターの名称自体は依然として一つの概念であり、一般に著作権法によって保護されているのは概念自体ではなく、その概念が表現されたものである。

　当然、理論的には、架空のキャラクターの名称が十分な独創性を有すると認められれば、著作権法の保護を受ける独立した著作物となることが可能である。しかし、実務においては、いわゆる「十分な独創性」の判断基準はしばしば曖昧である。また、仮に「十分な独創性」を架空のキャラクターが著作物の中のエッセンスとなる部分を表現できていることと解釈できれば、架空のキャラクターが独立した著作物として著作権法の保護を受けられる。ただ、この解釈が同時に思想と表現との混同を招きかねないのではないかと疑問が生じる。

4.1.2　商品化権

　1.5.3における「商標権と先行著作権との抵触に関する外部の原因」で述べたように、権利の抵触の本質は利益の抵触ということである。知名度は、潜在的な市場競争上の優位性を示すものとして、まさに著作権と商標権とが抵触する原因である。知的財産が一定の知名度を持つ場合は、より多くの付加的な商業価値を生み出しやすい。漫画、小説、映画などのコンテンツの伝播に伴って、係るコンテンツの商品化が行われている。特にキャラクター関連商

品の開発では、その著作物における代表的なキャラクターの図形や名称が、玩具、文房具、菓子、家庭用品、食器、電子出版物、テーマパークを含む各種商品、広告及びサービスに幅広く使用されている。

　架空のキャラクターの商品化に伴って、「商品化権」の概念が生まれた。実際には、商品化権の対象は、架空のキャラクターに限られず、実在の人物や動物、さらには動作や言語などの個性的又は有名な呼称なども、商品化の対象となりうる。架空のキャラクターの名称の商品化とは、主にその権利者が架空のキャラクターの名称を独占的に商業的に使用することによって、経済的利益を獲得する権利、及び他人が無断で商業的に使用すること禁止できる権利である。多くの知的財産権は経済的利益を生み出すことができ、特に知名度が高ければ高いほど、権利者の市場競争における優位性が高まる。ある著作物が他人によって商標登録出願されたり使用されたりする理由は、商標権者が著作物の知名度を無償で利用することで消費者の購買意欲を刺激し、これによって先行著作権者の経済的利益を奪おうとする意図を有するからだと思われる。

　しかしながら、これまでの中国では「商品化権」は依然として学術的議論上での概念であり、これについての明確な法規定は存在しない。商品化権は、著作権法、商標法、不正競争防止法その他の知的財産権法及び民法に跨る形で創設されつつある新たな民事的権利であることを考慮すると、民法や各種知的財産権法における既存の権利とは法的保護範囲が重なっており、また、上記各種法制度におけるそれぞれの権利の特徴や立法目的が往々にして異なるものである。例えば、すでに 1.3 における商標権と著作権の違いに関する部分で述べたように、著作権法の社会的意義は、知的成果の公開と伝播を奨励し、長期的な独占を規制することである。一方、商標法の社会的意義は、商標に専用権を付与することによって権利者に独占的地位と市場競争の優位性を保たせることであり、これによって商標は最も普遍的かつ直接的な競争手段の一つとなる。

　したがって、一部の事件の審理過程においては、申立人の商品化権に関する主張は、場合によっては著作権、商標権又は不正競争防止に係る権利の享

有または行使として認容されうる。なお、一部のケースでは、著作権や商標権などの権利として保護するのが難しいか、又は申立人の主張と辻褄を合わない場合がある。なぜなら、特定の権利を保護するための法律の適用やその適用範囲についての拡大解釈は、本来の立法趣旨と矛盾する可能性があるからだ。

中国における商標評審事件の審理実務では、他人の著作物における架空のキャラクターの名称を商標として登録出願したことに起因する事件は数えきれないほど多い。中国では商標審理の経験が日増しに蓄積されるにつれて、この問題に対する議論も次第に深まってきている。商標評審部門及び法院は、「商標法」におけるその他の条項によってこの問題の解決方法を模索している。

係争商標　登録番号：1026606

「蠟筆小新（クレヨンしんちゃん）」という中国文字商標（登録番号：第1026606号）無効宣告請求事件[1]において、日本の株式会社双葉社（申立人）は、中国商標法（2001年改正）第31条（現行商標法（2019年改正）第32条と同様）に基づき、別件で主張していた係争商標がその先行著作権を侵害し、その先行して使用しておりかつ一定の影響力のある商標を不正な手段で抜け駆け出願していることほか[2]、中国商標法（2001年改正、現行2019年改正法の本件適用条文と同様）」第10条第1項第8号[3]に基づき、新たな主張の理由及び証

1）商評字〔2010〕第39811号商標争議裁定書、北京市第一中級人民法院（2011）一中知行初字第1230号行政判決書
2）クレヨンしんちゃんの中国語漢字商標をめぐる一連の商標無効審判事件のうち、事件番号商評字（2005）第4646号を指す。
3）中国「商標法（2019年改正）」第十条「次に掲げる標識は、商標として使用してはならない。（八）社会主義の道徳・風紀を害し、又はその他の悪影響を及ぼすもの。」

第四章　実務における代表的な権利抵触問題の検討　*81*

拠を提出した。これに対し、商標評審部門は以下の通り判断した。

　　双葉社が提出した異議申立公告、異議申立再審裁定及び取消公告によると、
　商標局、商標評審部門が既に異議申立裁定、異議再審裁定及び無効宣告請求に
　おいて、係争商標の元の商標権者が他人の知名度の高い商標を何度も故意に冒
　認出願登録した行為の悪質性を認定したことが証明される。双葉社が提出した
　他の証拠によれば、「クレヨンしんちゃん」の文字と図形には比較的高い独創
　性と顕著性が備わっており、かつ係争商標の登録出願前に、日本、香港及び台
　湾で既に高い知名度を有していたことが分かった。係争商標の元の商標権者は
　香港と隣接する広州に所在しており、「蠟筆小新（クレヨンしんちゃん）」の高
　い知名度を知っていたはずであるが、それにもかかわらず、「蠟筆小新（クレ
　ヨンしんちゃん）」の文字やキャラクターと同一の文字や図形を商標として中
　国本土で登録出願した行為には、主観的な悪意があると認められる。係争商標
　の元の商標権者が他人の知名商標を大量に冒認登録出願した事実を総合的に考
　慮すると、元の商標権者が係争商標を登録出願した行為は、誠実信用の原則に
　反し、商標登録管理秩序と公共秩序を乱し、公共の利益を害していることか
　ら、中国「商標法（2001 年改正）」第 41 条第 1 項（現行商標法（2019 年改正）
　第 44 条第 1 項と同様）における「その他不当な手段によって登録を得た」場
　合に該当する。しかし、商標評審部門の本件裁定は、双葉社が中国商標法
　（2001 年改正、現行 2019 年改正版と同様）」第 10 条第 1 項第 8 号に基づいた
　主張を認めなかった。なぜなら、当該条項は主に商標自体の構成要素が社会公
　共の利益、公共秩序に対して何らかの悪影響を及ぼす場合に適用されるもので
　あり、係争商標の場合はこれに該当しないからだ。

邦徳007
BOND

係争商標　登録番号：3121466

　また、「邦徳 007 BOND」商標異議申立再審事件[4]において、申立人である

---

4 ）商評字〔2010〕第 04817 号異議再審裁定書、北京市第一中級人民法院（2010）一中知
　行初字第 2808 号行政判決書、北京市高級人民法院（2011）高行終字第 374 号行政判決
　書。

82

「ダンジャック・エル・エル・シー（DANJAQ, LLC、以下『ダンジャック社』という）」は、「007」と「JAMES BOND」は同社のシリーズ映画のタイトル、主人公の名前及びコードネームであるとして、同社がこれらについて著作権、商標権及びキャラクターに係る商品化権を有していると主張した。係争商標が同社の先行著作権を侵害しているという主張について、商標評審部門は次のように判断した。

　　係争商標「邦徳 007 BOND」は、申立人の「007 シリーズ」の映画のタイトルと主人公の名前及びコードネームを連想させる可能性があるが、当該名称は架空のキャラクターの呼称は全体の文芸作品の内容を体現することはできないことから、中国「著作権法」における著作物には当たらない。したがって、係争商標は申立人の先行著作権に対する侵害に該当しない。「007」と「JAMES BOND」についてキャラクターに係る商品化権を有しているという申立人の主張には法的根拠がなく、係争商標の登録出願は中国商標法（2001 年改正）第31 条（現行商標法（2019 年改正）第 32 条と同様）にいう「他人の既存の権利を侵害してはならない」との規定に違反するものではない。

また、被申立人が虚偽やその他の不正な手段で商標登録したという申立人の主張については、商標評審部門は以下のように判断した。

　　係争商標の指定商品（避妊具）からみれば、申立人の従事する映画業界と大きく異なっている。この点に関して、係争商標の登録出願は誠実信用の原則に反し、不正な手段で商標登録したという申立人の主張については証拠が不十分である。したがって、係争商標の登録出願行為が中国「商標法（2001 年改正）」第 41 条第 1 項[5] の関連規定に違反しているとは認められない。

また、係争商標の登録出願が社会主義の道徳や風習を害し、又はその他の悪い影響があるという申立人の主張の理由については、商標評審部門は以下

5）中国「商標法（2019 年改正）」第四十四条「登録された商標が、この法律の 第四条、第十条、第十一条、第十二条、第十九条第四項の規定に違反している場合、又は欺瞞的な手段若しくはその他の不正な手段で登録を得た場合は、商標局は当該登録商標の無効宣告を行う。その他の単位又は個人は、商標評審部門に当該登録商標の無効宣告を請求することができる。」

のように判断した。

　　中国商標法第10条第1項第8号は主に社会公共の秩序と利益を守ることを目的とするものである。係争商標の登録出願と使用は、その商標を使用する商品が申立人又はその関係者に由来するものとの混同を招きかねないという申立人の主張については、その混同をもたらす実質的な原因は、申立人の先行商標権や著作権などの私権に対する保護の範疇に属し、中国商標法第10条第1項第8号に規定された状況には該当しない。したがって、係争商標の登録を許可すると判断した。

　本件に関する後続の行政訴訟において、北京市第一中級人民法院は、前述の「ハリー・ポッター」事件[6]における法院の見解を踏襲して、中国商標法第10条第1項第8号を適用し、商標評審部門の上記裁定を覆した。しかし、北京市高級人民法院は、同法の規定は私権に関わるものではないという一審法院の見解を否定した。また、二審法院は、

　　「007」及び「JAMES BOND」は映画のキャラクターの名称として、その知名度の高低及び被申立人がその知名度に伴う商品的価値を利用したかという問題は、中国商標法第10条第1項第8号によって解決される事項ではないことから、一審法院の判断には誤りがあり、それを是正しなければならない

と判示した。二審法院は、

　　「007」や「JAMES BOND」はダンジャック社の「007」シリーズ映画のキャラクターの名称として、比較的に高い知名度を有しており、その知名度はダンジャック社の独創的な労働の成果によるものといえる。したがって、この有名なキャラクターの名称がもたらす商業的価値と商業的機会も、ダンジャック社の投入した大量の知的労働や資金によるものと認めるべきである。このため、著名な映画である先行著作物におけるキャラクターの名称は、先行権利として保護されるべきであり、「007」や「JAMES BOND」はキャラクターの商品化権を伴うとの見解には法的根拠がないという商標評審部門の判断に誤りが

6）商標評審部門による異議申立再審裁定：商評字（2009）第30911号。再審決定不服行政訴訟第一審：北京市第一中級人民法院（2006）一中行初字第408号行政判決書。再審決定不服行政訴訟第二審：北京市高級人民法院（2007）高行終字第373号行政判決書。

84

あると判示した。

上述の「ハリー・ポッター」事件を振り返ってみると、他人の著作物にお
けるキャラクターの名称を商標として登録出願することを規制するために、
商標行政と司法既存の法律の仕組みの中で解決策を模索してきたことが分か
る。ただし、中国商標法第10条第1項第8号又は同法第41条第1項のどち
らかを適用するのか、それとも直接にキャラクターの商品化権を導入するの
かについては、まだ見解が一致するには至っていないようである。確かに、
個別審理の原則に基づき、上記で紹介した事件の中には、係争商標の商標権
者が大量かつ大規模に他人の周知商標を冒認出願したり、さらに商標を転売
したりする等の悪質な行為が存在しているため、商標評審部門や法院による
判断は基本的に客観的かつ公正と思われる。ただし、キャラクターの名称が
商品化権による保護を受けられるのかについていえば、キャラクターの名称
は必ずしも商品化権を伴うわけではなく、それは知名度と商品化という2つ
の要件を具備したものでなければならない。商品化権の発生は誰がその標識
の創作者に関わるものではない。キャラクターの名称は、独創的な知的労働
の成果として、商品化の過程において、資金、労働及び広告宣伝が投入され
てはじめて、商業的知名度が蓄積され、また知名度を通じて商業的価値や商
業的機会(すなわち、潜在的な競争的優位性)を備えるに至る。また、その所
有者はキャラクターの名称を独占的に使用することで経済的利益を得て、さ
らに他人の無断利用を禁止することができるようになれば、著作権による保
護から商標権による保護につなげることができる。なお、著作権法で保護さ
れていないある権利が、商標法で保護されていれば、著作権法と商標法の間
での保護のバランスが崩れていることは明らかである。

4.1.3 商標登録の実務に関連する問題

上記架空のキャラクターの名称の保護に関する問題に対し、その権利者
は、架空のキャラクターの名称は既に未登録の馳名商標や周知商標になって
いることを以て、中国「商標法(2019年改正)」第13条第1項に基づき馳名

商標に準ずる保護を求めるか、或いは同法第32条に基づき先行使用されかつ一定の影響のある商標に対する保護を求める傾向がある。ただし、問題としては、たとえその架空のキャラクターが非常に有名であるとしても、それが漫画、小説、又は映画やテレビ番組におけるキャラクターとして有名であるに過ぎず、それは同時に一定の知名度を有する未登録の商標に該当するか否かを判断するには、架空のキャラクターの名称が既に特定の商品やサービスの出所を示すための標識として使用されていることを示す証拠が必要である。

係争商標　登録番号：1026606
指定商品　第18類　旅行バッグ、ハンドバック、ブリーフケース等

第1026606号「蠟筆小新（クレヨンしんちゃん）」無効宣告請求事件[7]において、申立人である日本国株式会社双葉社は、架空のキャラクター「蠟筆小新（クレヨンしんちゃん）」のイメージと名称が未登録の馳名商標として保護されるべきと主張した。これについて、商標評審部門は以下のように判断した。

　　中国本土において、商標権による特別な保護を求める未登録の商標については、係争商標の登録日前に、同一又は類似する商品において馳名商標の認定を受けなければならない。

したがって、この問題は、申立人の「クレヨンしんちゃん」に関する商標は、係争商標の登録日前に、既に中国本土で第18類の旅行バッグなどの商品における馳名商標の認定を受けていたか否かに関わる。中国「商標法（2001年改正、2019年改正版と同様）」第14条の規定によると、馳名商標の認定に関しては、公衆の当該商標に対する認知度と当該商標の使用期間という

7）商標争議裁定：商評字（2005）第4646号。

要因を考慮すべきである。申立人が提出した証拠によれば、申立人は早くも1994年や1995年に「クレヨンしんちゃん」に関するライセンス事業を始めており、「クレヨンしんちゃん」のキャラクターを玩具、文房具、アパレルなどの商品の開発や製造に使用し、日本、台湾、香港では一定の影響力を有しているが、その影響力は当然に中国本土に及んだものではない。中国本土において、申立人の「クレヨンしんちゃん」の漫画や関連する商品が出回ったのは主に2003年頃であり、それは係争商標の登録日よりも遅かった。また、申立人は、中国本土で「クレヨンしんちゃん」の標識が第18類の旅行バッグなどの商品に使用されていた証拠を提出していない。このため、係争商標の登録日前に、申立人の「クレヨンしんちゃん」の標識が既に第18類の旅行バッグなどの商品において中国本土の消費者に熟知された馳名商標になっていたとは認められない。

4.2 作品のタイトル

　作品のタイトルとは、文章、書籍、漫画又はテレビや映画などの作品の内容を表記又はこれを要約したフレーズや単語のことである。一定の情報量のあるフレーズからなるタイトルの場合を除き、作品のタイトルと架空のキャラクターの名称の保護に共通する問題の一つとしては、著作物に関する独創性の要件によると、一般的に、単語やフレーズなどは独創性を持たないため、通常の場合、作品のタイトルはその作品自体から独立して著作権法の保護を受けることが難しいことである。ある作品のタイトルがその作品における代表的な架空のキャラクターの名称と同一であれば、現行中国法の下で法的保護を求める上で同様の問題に直面する。

4.2.1 著作権の保護に関する問題

　架空のキャラクターの名称とは異なり、作品のタイトルを著作権によって保護するのは難しい。これに関して、もう一つの理由は、作品タイトルは一般的には共通用語や特定の業界の専門用語によって構成された場合が多いため、著作者の創造性は一般的に作品の内容にのみ反映されるのであって、作

品のタイトルに反映されるわけではないことにある。当然、理論的には、作品のタイトルに十分な独創性があると認められれば、著作権によって保護される可能性もある。しかし、実務では「十分な独創性」に関して明確な判断基準が存在しない。

　また、ある種の見解によれば、作品のタイトルが独創性を持つのかを判断するには、辞書を用いてその作品のタイトルに係る単語或いはフレーズが公用語、一般的な表現に当たるかを確認することができる。もし作品のタイトルが辞書に載っている一般的な用語ではなく、かつ一定の文学性、芸術性や科学性があれば、そのようなタイトルを一つの独立した著作物として認める余地がある。ところが、特に中国語の場合はこのような判断基準を適用するのは難しい。なぜなら、中国語の文法と語彙の構造に関する規則に基づけば、語彙は漢字の組合せであり、いくつかの漢字の組み合わせ方を変えることによって、新しい語彙が生じうるのであり、その変化や組み合わせ方は無限なものであるからだ。しかし、辞書に収録されている語彙数には限界がある。これに加えて、思想と表現の二分論の観点からは、たとえ新しい語彙であっても、たった一つの単語やフレーズが著作権の保護を受けられれば、表現の自由が制限されてしまうのではないかという懸念がある。

　また、もう一つの見解によれば、作品の流布に伴って作品のタイトルはこれに相応する識別力を持つようになり、これによって作品のタイトルはその作品及び著作者と内在的に結びつけることができるようになる。これは、商標法制度における「使用による顕著性」を獲得するという概念に相当すると思われる。一定の知名度を有する作品については、このような作品のタイトルがその作品と著作者とを結びつける「第二の意義」を持つようになるのは、作品のタイトルが著作権の保護を受けるのに役立つと思われる。しかし、著作権保護の基本原則によれば、知的成果の知名度は必ずしもそれが著作権保護を受けるか否かの要件となるではない。少なくとも現在の中国における商標評審事件の審理では、作品のタイトルは独立した著作物として認められることはほとんどない（たとえ公衆がタイトルからその作品のみを連想できるほどの知名度があったとしても）。

4.2.2 商標登録実務に関する問題

　架空のキャラクターの名称とは異なり、作品のタイトルが商標法の保護を求めるにあたっては、以下の問題が生じると想定される。

　第一に、作品のタイトルが次の商品やサービスに使用される場合、それは商品やサービスの内容や特徴を直接に示すものと認められうることから、中国「商標法（2019 年改正）」第 11 条第 1 項第 2 号[8]の規定に違反する可能性がある。

> 第 9 類：電子出版物、ソフトウェア等
> 第 16 類：書籍、印刷出版物等
> 第 38 類：書籍その他の印刷出版物又は電子出版物に関連するデジタル情報の
> 接続サービスや情報伝送サービス
> 第 41 類：オンライン電子出版物（非ダウンロード型）

　上記商品は新聞、期刊誌などの定期刊行物とは異なり、定期刊行物の名称は、商標として登録出願することができる。

　第二に、中国の四大古典名著（紅楼夢、西遊記、三国演義、水滸伝）のような有名な作品は著作権の保護期間が満了し、既に公有に帰している。そのタイトルは理論的には、いかなる第三者もこれを複数種類の商品やサービスに商標として登録することが可能である。ただし、本節の最初で述べたように、それは商品又はサービスの内容や特徴を直接に示すもの、又は商品やサービスの内容につき公衆の誤認を招きやすいものと判断されたりした場合、中国「商標法（2019 年改正）」第 10 条第 1 項第 7 号[9]の規定に違反することになる。

　くわえて、作品のタイトルを第三者が著作権者の許諾なしに、それを商標として登録出願した場合、第三者の商標権と先行著作権との抵触が生じる可

8）中国「商標法（2019 年改正）」第十一条「次に掲げる標識は、商標として登録することができない。（二）商品の品質、主要原材料、効能、用途、重量、数量及びその他の特徴を直接表示したにすぎないもの。」

9）第十条「次に掲げる標識は、商標として使用してはならない。（七）欺瞞性を帯び、公衆に商品の品質等の特徴又は産地について誤認を生じさせやすいもの。」

第四章 実務における代表的な権利抵触問題の検討 *89*

能性がある。このような権利の抵触の解決は、架空のキャラクターの名称の保護に関する問題と同様に難しい。なぜなら、前述したように、作品のタイトル及び架空のキャラクターの名称が独立した著作物として保護されることは難しいことから、先行権利の権利者は他のルートによる救済を求める必要がある。例えば、「商標審査審理指南（2022年1月1日より施行）」によると、他人の著名な作品やそのキャラクターの名称、又は他人の著名かつ既に識別力のある美術の著作物その他の公共文化資源と同一または類似する標識を大量に出願することは、中国「商標法（2019年改正）」第4条に規定された「使用を目的としない悪意のある商標登録出願」行為に該当する。

4.3 キャッチコピー

キャッチコピーとは、広告の効果を促進し、消費者の購買意欲を高めるための短いフレーズをいう。もしあるキャッチコピーが、最小限の文字を用いて商品やサービスの特徴ある内容に係る最も豊富な情報を伝えることができるようにデザインされ、また精確、簡潔かつ豊富な内容と強烈な芸術的魅力を有するものであれば、このような知的成果は、著作権法に係る独創性の要件に完全に充足していることから、著作権法上の著作物に該当すると認めうる。また、もしキャッチコピーが既に商品やサービスの出所を示す有名な標識になっていれば、さらに不正競争防止法によっても保護される可能性がある。

一方、キャッチコピーについて商標法制度による保護を受けるには、以下の状況を区別する必要がある。まず、もしあるキャッチコピーが独創的でない方法で商品やサービスの特徴を示したものであれば、それは商標としての顕著性に欠けると判断される。次に、もしあるキャッチコピーと商標における他の要素と合わせて全体的な顕著性が認められれば、その登録は許可される可能性がある。さらに、もしあるキャッチコピーが長期にわたってかつ広範に使用されることによって顕著性を持つようになっているにもかかわらず、公衆の一般的な理解においてはそれは商標ではなくキャッチコピーとして識別される傾向がある場合、商標として登録されることは依然として困難

である。この点について、いわゆる「顕著性の獲得」というのは、商品やサービスの出所を識別する機能を有していることを指す。商標は商品やサービスの出所を示すための標識である一方、商品やサービスの出所を区別する標識のすべてが商標として登録できるわけではない。

また、申立人がキャッチコピーの著作権を主張する商標評審事件の審理においては、少なくとも次の2点に注意する必要がある。一つは思想と表現の二分論であり、もう一つは商標の類似性の判断に際して、全体的な観察と本質的な部分に対する比較を合わせることである。

人头马

RENTOUMA

係争商標　登録番号：1500069
指定商品　第1類：工業用接着剤、壁紙用接着剤など

人头马一开　好事自然来

異議申立人の商標　　異議申立人の商品の写真　　異議申立人のキャッチコピー

第1500069号「人头马RENTOUMA」商評異議申立再審事件[10]において、異議申立人のレミーマルタン社（E.Remy Martin & Co.）は、同社のブランデー（原産地名称保護を受けている）商品に使用される商標「Remy Martin」の中国語訳は「人頭馬（読み：レントウマー、ケンタウロスを意味する）」であり、そのキャッチコピーは「人頭馬一開、好事自然来（和訳：人頭馬のボトルを開けると、よい事が自然にやってくる）」である。異議申立人は商標評審部門の再審裁定を不服として行政訴訟を提起した。行政訴訟において、レミー

---

10) 商標異議申立再審裁定：商評字（2008）第29745号。行政裁定不服行政訴訟：北京市第一中級人民法院（2009）一中行初字第1459号。

第四章　実務における代表的な権利抵触問題の検討　*91*

マルタン社は同社が「人頭馬」の表現及び「人頭馬一開、好事自然来」のキャッチコピーについて著作権を有していると主張した。商標評審部門は以下のように判断した。

　　著作権が保護しているのは「表現」であり、思想そのものではない。「人頭馬（ケンタウロス）」というものはギリシャ神話に由来するものであり、それは異議申立人の商標においては、標準的活字体や一般的なフォントで書かれているだけである。したがって、「人頭馬」という言葉は、思想的には独創的なものではなく、表現形式的にも美学的なものでもない。また、独立した「人頭馬」という言葉については、異議申立人のキャッチコピー「人頭馬一開、好事自然来」という文章の独創性を十分に表しているとはいえない。係争商標は「人頭馬」という単語とそれに対応する中国語の発音「RENTOUMA」だけで構成されており、それは異議申立人のキャッチコピーと実質的に類似していると認められない。

　本件商標評審部門の裁定は、行政訴訟の一審と二審でいずれも維持された。

第五章　再考と提案

5.1　抵触問題解決の原則についての再考

　異なる権利間の抵触問題を解決するにあたって、先使用権を保護することは基本原則ではあるが、これは唯一の原則ではなく、公平の原則と利益衡平の原則も看過できない。その同時に、個別の事件で法律を適用するには、異なる法律間のバランス、及び異なる法律が提供する異なる保護レベルのバランスを看過できない。とりわけ各法制度の立法趣旨も看過してはならない。

　商標権と先行著作権との権利抵触に関する商標評審事件の審理に関して、既に前章で先使用権を保護する原則については検討したため、次は審理実務で蓄積されてきた経験を踏まえて、他の原則を検討する。

5.1.1　「先行権利の保護」原則並びに公平の原則及び利益衡平の原則とのバランス

　知的財産権関連の法制度は、それ自体が効率を優先しているとともに、公平の原則及び利益衡平の原則とのバランスを反映している制度である。前述のように、権利の抵触は言い換えれば利益の抵触である。もし後に登録された商標の商標権者は、莫大なコスト、労力及び広告宣伝を投入して、その商標を長期的に使用することにより、大きな商業的価値を蓄積したとしても、現行の中国法においては商標権と先行著作権との抵触問題を解決すれば、通常は後に登録された商標が無効又は使用禁止とされることになる。この場合、「先行権利の保護」原則は知的財産権の保護に係る公平の原則や利益衡平の原則、その他の原則と合致しない可能性があり、明らかに公平さを欠く。

　権利抵触の初期段階では、もし著作権者の許諾を得ずにその先行著作物を商標として登録出願するならば、それは疑いなく先行著作権者の権利と利益に対して損害を与える。しかし、先に 1.3.1 に係る権利の価値に関する部分

で述べたように、著作権の価値は主に著作物そのものにある一方、商標の価値は商標そのものではなく、商標の使用によって蓄積された商業的価値にある。商標に含まれている商業的価値は様々な要因に関わるものであり、先行著作物の美学的機能又は知名度は多くの要因の一つにすぎず、商標権者が営業活動、経営管理、マーケティング、広告宣伝などの面における努力こそ、より重要な要因であると思われる。もし商標権者の努力によって形成された商業的価値の一部が減損し、又は別の著作権者に奪われたりすれば、権利侵害の主体が逆転してしまう。権利抵触問題の解決の結果は、後に登録された商標権者の権利と利益を損なうとともに、先行著作権に過剰な保護を提供することになり、結果としては明らかに公平さを欠くことになる。

　このため、係争商標の登録を取り消し又はその使用を禁止することは、権利抵触問題を解決する唯一の選択肢とは限らず、また、このような法的効果によって最適な社会的効果を得ることができるとは限らない。上記のように、いずれの当事者の利益をも考慮する必要があることから、権利抵触の背後にある利益をめぐる紛争に注目し、利益衡平の原則に従い、社会的公平と正義をより合理的に分配すべきである。中国「商標評審規則（2014年改正）」第8条の規定によれば、商標評審事件の審理期間中に、社会公共の利益及び第三者の利益を考慮することを前提として、双方当事者は書面によって和解することができ、また、商標評審部門が調停を行うこともできる。そうすれば、ウィンウィンの結果が得られ、異なる知的財産権が共存し、知的財産に関する製品が最大限に活用されることが期待される。

5.1.2　異なる法律間のバランス

　登録制は中国における商標法制度の基本的な枠組であり、商標の登録が許可された後、その商標権は法的保護を受けられる。ただ、商標登録出願に関する形式的若しくは実質的要件に関する規定に違反したこと、又は登録商標が他人の適法な先行権利その他の社会公共の利益を侵害したことを証明できる証拠があった場合はこの限りではない。

　一方、中国「商標法」が2001年に改正され実施されて以来、善意かつ正

当な事業的使用目的ではなく、悪意をもって不当な利益を得るための商標登録出願が大量に発生している。そのうち、一つ主要なパターンは先願主義を悪用して、他人の商業的価値のある標識を冒認出願することである。

　他方、申立人の本意は自分の商標権の保護であったが、係る主張の理由が認められず又は証拠が不十分であるために敗訴することを避けるため、代わりに先使用商標の図形に基づく著作権を主張して、間接的な権利行使を図るという傾向も見られる。なぜなら、商標異議申立審判事件と無効宣告事件において、申立人は、係争商標が申立人の馳名商標若しくは一定の影響力のある先使用商標に対する複製、模倣、翻訳したもの、又は係争商標が申立人の代理人若しくは代表者が許諾を得ずに無断で登録したもの、又は係争商標が申立人の適法な先行権利を侵害していることなどを主張できるからだ。しかし、多くの場合は、出願人の主張は様々な理由で認められ難い。例えば、申立人の商標について中国における知名度や代理人関係を示す有力な証拠がない、又は係争商標の指定商品や役務が申立人の先使用標識と類似していない、又は出願人の先使用商標が商標の地域性による制限を受けているなどの理由が挙げられる。このような状況において、申立人による自己の先行著作権に関する主張が認められる可能性はかなりの程度高まると思われる。なぜなら、一部の事件において、申立人はその商標登録証書だけでその先使用商標のデザインに対して著作権を保有していることを証明できるからだ。さらに、著作権の保護については、商品や役務の種類によって制限されない。なお、商標の地域性の障壁については、先使用商標の元の出願国が「ベルヌ条約」の加盟国さえであれば、「ベルヌ条約」に基づき、地域性に縛られることなく著作権の保護を受けることができる。

　法的手続を開始するにあたり、当然、申立人には訴訟の主張理由を選択する自由がある。一方、具体的な事件において、第一義的に、事件の事実を考慮する必要があるほか、商標とは何か、著作物とは何か、商標法制度の根本的秩序とは何か、著作権の保護対象とは何か、商標法の立法趣旨とは何か、及び著作権法の立法趣旨とは何かについて理解を深め、強く意識する必要があると考えている。

96

　本書冒頭の 1.1〜1.3 と 3.3.2 等で検討したように、商標権が発生する基礎及び前提は、ある標識が誰によって作られたのかということではなく、当該標識と特定の商品を結びつけたのは誰なのかということである。勿論、商標標識そのものが著作権によって保護される著作物に該当する可能性はあるが、しかし、それを特定の商品や役務に実際に使用していないか、又は商品や役務の出所を示す役割を果たせないか、又は商標権者又は使用許諾者の商業的名誉を反映できなければ、このような商標標識は真の商標ではなく、ただのマークに過ぎない。商標法の機能とは、特定の商品や役務における商標の使用によって蓄積された商業的名誉を維持させ、発展させることである。商標法が保護すべきなのは「商標権」であって、いわゆる「商標的著作権」ではない。

　したがって、商標権と先行著作権との抵触に係わる事件においては、異なる法律間のバランス及び異なる法律が提供する異なる保護水準のバランスを考慮しなければならない。商標法によれば、先行著作権を保護するために商標権の適法性が否定される可能性がある。ところが、このような法的効果が商標制度自体の基本的秩序を覆し、知名度によって異なるレベルの保護を提供するという商標制度における保護法益のバランスを崩すことになれば、これは商標法制度自体の立法趣旨に反し、著作権に対する保護が行き過ぎてしまうおそれがある。

　要するに、法適用においては原則として、著作権の保護の主張に関わる無効宣告請求手続の濫用を防ぐため、商標権に適度な保護を提供すべきであり、また、商標登録制度を悪用した複製、模倣行為及びただ乗り行為を取り締まるため、著作権に適度な保護を提供すべきである。

5.2　真の権利者へのアドバイス

5.2.1　知的財産権戦略の策定

　先行する知的財産権の真の権利者は、自国や海外の現行の知的財産権法制度を十分に活用して、自己の知的財産に対して著作権、商標権その他の関連産業財産権を含む多様な保護を積極的に求めるべきだ。さらに、自己の知的

財産権の行使が他人に阻害されることなく、取引の自由を確保し、また経営への貢献を最大化するために、知的財産権戦略を策定することを検討されたい

　商標法制度の下で、最も好ましい方法はできる限り早めに商標の登録出願を行うことであり、かつ商標の使用又はその予定がある多様な事業が関わる可能性のあるすべての商品や役務のカテゴリにおいて、商標の登録出願を行うことを提案する。なぜなら、先願主義の下では、商標登録者は当然に商標権者であり、先使用権を含むその他の原則は先願主義に対する補充にすぎないからである。なお、一部の事件において、先行権利の真の権利者は商標評審手続を通じて、第三者の商標登録出願を阻止したり、民事訴訟を含むその他の手続を通じて第三者の登録商標の使用を禁止したりすることができるものの、これらの手続きを行うには相当のコストがかかる。そのため、できるだけ早く商標を登録出願することによって、最小のコストかつ最大の効果で権利の抵触を事前に防ぐことができる。

　著作権法制度の下では、著作権登録は著作権の保護を受けるために必須の手続きではないが、商標評審やその他の法的手続の中で著作権登録は依然として有益なものであり、それは著作権の帰属を判定する初歩的証拠とすることができる。

　経済のグローバル化及び情報ネットワーク化を背景として、知的財産は瞬時に国境を越えて拡散するようになった。したがって、経営の実体と将来の展開を踏まえて、グローバルな知的財産戦略を策定する必要もある。

5.2.2　抵触問題の解決方法について

　本書第二章で述べたように、中国で商標権と先行著作権との間で抵触が発生した場合、先行著作権の権利者は二種類の救済ルート、すなわち商標の行政管理機関（商標評審部門）に商標の無効宣告又は異議申立を行って係争商標の登録を阻止すること、また、法院に著作権侵害訴訟を提起して係争商標の使用の差止めを請求できる。

　どの救済ルートが先行権利者にとって最も有利であるかは、個別案件の具

体的な状況によるものであり、先行権利者はそれぞれの解決方法が達成しうる目的、結果、保護要件などを比較して、最適な解決方法を選択することができる。ただ、いずれの場合であっても、次の点に留意する必要がある。

　　一、著作権の主張は時機に遅れずかつ積極的に行うこと。
　　二、立証責任を十分に重視すること。
　　三、リスク及び経済面における分析を行うこと。

　以下のような場合では、行政手続や民事手続以外に、他の現実的な選択もある。一つは、先行著作権についての法的救済手続きを始めたのが遅すぎて後に登録された商標権に関する無効宣告が請求できる期間が過ぎた場合である。もう一つは、法的救済手続の高いコストと結果の不確定性に比べて、知的財産自体の価値が非常に限られていた場合、又は法的救済手続に長い時間がかかり、係争権利の損得は権利者にとって重大な意味を持たなくなった場合である。これらの場合には、和解はより現実的で効率的な解決方法かもしれない。その他の解決方法に比べて、和解は最小の金銭的コストと時間で、最も簡便な手続きを通じて権利抵触の問題をより適切に解決できる方法である。その同時に、訴訟の結果の不確定性がもたらすリスク及びそれによる企業イメージへのマイナスの影響を防ぐことができ、さらに、当事者の権利状態の長期的な安定性を保ち、訴訟に関連する負担を軽減し、効率と公平さのバランスを取ることができる。

5.2.3　商標評審事件審理の参加に関するアドバイス

　知的財産の地域性及び「ベルヌ条約」における独立保護の原則によれば、域外の当事者は法的保護を求める目的国や地域の法律を把握する必要がある。域外の当事者が中国で商標評審手続を通じてその先行権利の保護を求めるには、係る証拠に関する次のポイントに留意する必要がある。

　　一、先行権利の発生などの時点について、先行著作物の創作完成時又は先使用
　　　　商標の使用開始時は係争商標の出願日より前でなければならない。
　　二、著作権の帰属に関する証拠について、可能な限り十分に収集しなければな

らない。

三、先使用商標の使用状況に関する証拠資料について、第一義的には、係る証拠は先使用商標が経営活動において商標的使用が行われたことを証明できるものでなければならない。具体的には、その商標の使用者と商標標識を明確に示す必要がある。

四、先行著作権の証拠について、中国本土の公衆が当該著作物にアクセスすることができることを証明しなければならない。先使用商標の使用状況に関する証拠については、使用している地域に中国本土が含まれていることを証明しなければならない。また、域外で形成された証拠の場合は、域外での先行商標の知名度及び影響力が一定のルートを通じて中国本土の公衆に認知されていることを証明しなければならない。

五、外国語の証拠には中国語訳を添付しなければならず、そうでなければ、未提出とみなされる。日本語の証拠について特に留意されたいのは、日本語の漢字の一部は、中国語の漢字と形が一致するものの、意味が異なっている。そのため、それを正確に中国語に訳さなければ、誤解を招き証拠として使用できなくなるおそれがある。

　本書の内容は、包括的で深みのあるものとは言えないが、商標権と先行著作権との抵触に関する様々な状況について、上述の基本的な概念は共通しており、それぞれ形が異なるが本質は変わらない。経済の急速な発展に伴って、権利抵触のパターンもますます複雑に変化してきている。しかし、法律はそれに追いつけておらず、調和を欠いたり、条文の内容が大雑把だったりする場合も多い。したがって、上記の基本原則を貫き、商標権と先行著作権との抵触問題をより慎重かつ適切に解決し、また、法律の正義をより十分かつ徹底的に実現できるよう努めなければならない。

資料　中国における商標の評審制度について[1]

　中国商標法によれば、商標評審とは、拒絶査定不服再審、不登録決定不服再審、取消再審、無効宣告の再審及び無効宣告を含む商標関連紛争を処理する手続である。前述の４種類の再審手続は、商標局が下した決定に対する再審査手続であり、商標の権利付与・権利確定の行政手続において当事者への重要な行政上の救済手段である。一方、無効宣告は行政裁決の特殊な形態である。全体的には、商標評審は行政法上の救済手段及び紛争解決のメカニズムとして、商標審査、異議申立、取消審判等の手続に対する監督だけでなく、かかる手続における不備の補完、先行権利者への救済、悪意のある商標登録の取り締まり等の制度的価値を有している。商標評審は準司法的性格を有する行政裁決手続であり、審理方法、手続的要件、及び証拠規則等の面で民事司法手続を参照している。それと同時に、商標評審は一種の行政行為であるため、専門性が高く、便利かつ効率的という行政手続の強みを活かすことが重視されている。また、その手続構造は効率と公平を配慮して、司法手続と一般の行政手続の長所を兼ね備えるように設計され、事件の公平な審理の保障及び審理業務の効率の向上が図られている。

1）　中国の商標関連法令における「評審」は、日本法における「審判」に相当するものと考えられる。

担当部門	No.	手続	期間(延長)	商標法 (2019改正) 条文
商標局	①	出願受理～初歩査定公告	9ヶ月	第28条
	②	異議申立	12ヶ月(6ヶ月)	第35条第1項
	③	取消審判	9ヶ月(3ヶ月)	第49条第2項
商標評審委員会	④	拒絶査定不服再審	9ヶ月(3ヶ月)	第34条
	⑤	不登録決定不服再審	12ヶ月(6ヶ月)	第35条第3項
	⑥	取消再審	9ヶ月(3ヶ月)	第54条
	⑦	無効宣告(相対的理由)	9ヶ月(3ヶ月)	第45条第2項
		無効宣告(絶対的理由)	12ヶ月(6ヶ月)	第44条第3項
	⑧	無効宣告再審(職権により)	9ヶ月(3ヶ月)	第44条第2項

表1　商標出願・各種評審手続の審理期間

(1) 商標評審手続が適用される事件種類及び請求の法定期間

1) 拒絶査定への不服再審

　中国の商標法第34条及び商標法実施条例第52条の規定により、拒絶査定への不服再審とは、商標登録の出願が拒絶された後、出願人による再審請求に対し、商標評審部門が初歩査定を行うか否かに関する再審決定をいう。

2) 不登録決定への不服再審

　中国の商標法第35条及び商標法実施条例第53条の規定によれば、不登録決定への不服再審手続とは、商標異議申立手続において、商標局が審査を経て異議申立された商標の不登録を決定した後、被申立人による再審請求に対し、評審部門が商標登録を許可するか否かについて行う再審決定をいう。2013年改正の中国商標法では、これまでの異議申立手続が改正された。すなわち、被申立人に限って再審を通じて救済を求めることができるようになった。なお、異議申立人は、商標局による異議申立された対象商標への登録許可の決定に不服がある場合、かかる決定への再審を請求することができ

資料 中国における商標の評審制度について

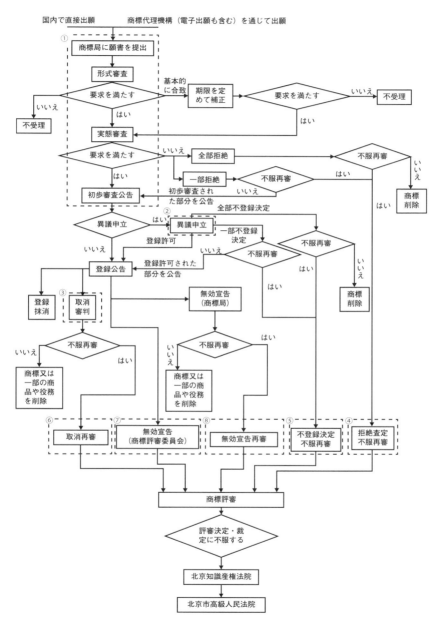

図1 商標出願及び各商標評審手続のフローチャート[2)]

ず、対象商標の登録公告が出されてから、商標評審部門に対して無効宣告を請求するほかない。

3) 商標の取消決定への再審

中国の商標法第49条、第54条及び商標法実施条例第56条の規定によれば、取消再審手続に関わる取消事由は以下の3種類がある。①商標権者が登録商標の使用において、登録商標の表記、商標権者の名義、住所又はその他の登録事項を許可なく変更し、地方の市場監督管理部門が期間を定めて是正を命じたにもかかわらず、是正しなかった場合に、商標局がその登録商標の取消しを決定したとき。②登録商標がその指定商品の普通名称となったとき。③登録商標が正当な理由なく継続して3年間使用されていないとき。上記①は、商標局が職権によって登録商標の取消を決定することであり、いわゆる「片方当事者事件」に当たる。上記②と③は、他人が係争商標のかかる状況に該当すると主張して商標の取消を商標局に請求し、商標局が登録商標の維持又は取消を決定した後、いずれかの当事者は上記商標局の決定に不服がある場合に、商標評審部門に再審を請求することであり、いわゆる「双方当事者事件」に当たる。②のうち、登録商標がその指定商品の普通名称になったという取消事由は、2013年「商標法」改正において新たに追加された取消事由である。この改正により、商標の普通名称に関わる2つの異なる状況について、それぞれ取消審判手続又は無効宣告手続で規制されるようになったことは、より合理的と考えられる。

4) 無効宣告決定に対する再審

中国の商標法第44条及び商標法実施条例第55条の規定によれば、無効宣告決定に対する再審手続とは、商標局が登録した商標が法令に違反したという絶対的理由に基づき職権によって登録商標の無効を宣告した後、当事者がこれに不服として商標評審部門に再審を請求し、評審部門が商標の維持又は

2）「中国国家知識産権局　中国商標網」に掲示されたデータにより作成（http://sbj.cnipa.gov.cn/sbj/sbsq/zclct/200902/t20090205_623.html）。

無効を決定することをいう。無効宣告の再審も、2013年「商標法」改正により無効宣告手続と取消審判手続が明確に区別された上で新たに追加された評審手続であり、「片方当事者事件」に当たる。

5) 無効宣告

「商標法」第44条、第45条及び「商標法実施条例」第54条の規定によれば、無効宣告手続とは、出願者が何人かを問わず登録された商標が法令に違反したという絶対的理由に基づくか、又は先行権利者若しくは利害関係者が登録した商標がその権利を害したという相対的理由に基づいて、商標評審部門に係争商標の無効宣告を請求する行政裁定のことをいう。無効宣告手続は「双方当事者事件」に当たる。

6) 商標評審請求の法定期限

上述の拒絶決定に不服として行う再審手続、不登録決定に不服として行う再審手続、商標の取消に不服として行う再審手続、及び無効宣告決定に不服として行う再審手続は、いずれも「再審手続」といわれ、かかる請求を行う法定期限はいずれも商標局の通知を受け取った日から15日以内とされる。「商標法実施条例」第12条の規定に基づき、上記期間の初日は期間内に算入されず（初日不算入）、また、期間満了日が法定祝日に当たる場合、期間満了日はその翌日とされる。

絶対的理由による無効宣告請求の場合、何人も商標登録後のいつでも商標評審部門に無効宣告を請求することができる。ただし、1988年1月13日に公布・施行された「商標法実施細則」が初めて商標登録出願手続の不備による取消審判に関する規定を設けたため、かかる法源及び法の不遡及の原則に基づき、理論的には、1988年1月13日前に登録された商標は無効宣告請求の対象となりえない。

相対的な理由による無効宣告を請求する法定期限は、商標の登録日から5年以内とされる。ただし、悪意をもって他人の馳名商標を登録した場合は、馳名商標の権利者による請求は当該法定期間による制限を受けない。5年の

期間が定められているのは、先行権利者又は利害関係者による積極的な権利
行使を促すためであり、商標権者の利益及び商標登録出願制度の安定性を保
つためでもある。異議申立手続又は不登録決定不服再審手続を経て登録を許
可された商標については、「商標法実施条例」第28条第2項の規定に基づき、
5年の期間は、商標局が登録公告を再度公布した日から起算されるものとす
る。また、係争商標は国際出願にかかるものであった場合、その商標評審請
求の法定期間は「商標法実施条例」第49条の規定に準ずる。

(2) 商標評審手続に関する提出書類

　「商標法」や「商標法実施条例」と合わせて施行される行政規則として、
「商標評審規則」は1995年に旧国家工商行政管理局によって制定され、2002
年、2005年、及び2014年に計3回の改正を経た。「商標評審規則」は部門規
則として商標評審手続の各段階に関して詳細な規定を設けている。同規則で
は、かかる形式審査について、当事者が商標評審の請求を行う方法とそのル
ート、各種商標評審を請求する適格、提出書類、答弁、補正資料及び補正証
拠の提出期限、証拠質疑並びに証拠規則等が定められている

1) 商標評審請求の提出方法と提出ルート

　評審請求の方法としては、①自ら評審請求を直接に行うか、又は②法に基
づいて設立された商標代理機構に委任して評審請求を行うか、の二つが挙げ
られる。請求にかかる書類の提出方法には、①商標局における商標評審の受
付窓口での直接提出、②郵送での提出、及び③オンラインシステムを通じて
の提出、挙げられる。現在、オンラインによる提出はまだ試験的運用の段階
にあり、これによる提出が認められるのは少数の拒絶査定不服再審手続に限
られているが、今後は拒絶査定不服再審手続のオンラインシステムが全面的
に整備され、かつ安定的な運用が可能になった後、その他すべての事件に関
する請求のオンライン提出が実現される予定である。

資料　中国における商標の評審制度について　*107*

2) 各種商標評審の請求権者適格

　中国の商標法及び商標法実施条例の関連規定によれば、商標の出願拒絶への不服再審、異議申立て事件での不登録決定への不服再審、商標の取消請求事件の再審、無効宣告事件の再審請求権者は、それぞれ係争商標の出願人、異議申立人、取消請求人、商標権者と限られている。同法第44条第1項の規定に基づき、いかなる組織及び個人も無効宣告を請求することができる。また、第45条第1項の規定に基づき、先行権利者又は利害関係者のみが無効宣告請求を提出することができ、そのうち利害関係者には登録商標の使用許諾契約のライセンシー及び登録商標関連財産権の承継人等が含まれる。

3) 商標評審請求の提出書類

　商標評審の請求にあたって、以下の書類を提出する必要がある。
　①請求書。各種の商標評審事件の申立書のテンプレートは、商標局のホームページでダウンロードすることができる。請求人は記入要領及び異なる請求書の様式に従って正確に請求書を記入しなければならない。
　②提出書類のリスト。
　③商標局から送達された公文書（封筒又は送達公告等を含む）。拒絶査定不服再審を除き、その他の四種類の再審には商標局の決定書を提出しなければならない。
　④請求権者適格を証明する証拠資料。
　⑤具体的な評審請求、事実、理由及び法的根拠。評審請求が一部の商品又は役務に限られる場合は、その旨を明記しなければならない。
　⑥評審請求の費用納付領収書。
　⑦請求人は、請求書（トップページ）に補充証拠の有無を明記しなければならない。また、補充証拠がある場合、その内容を証拠リストに記入した上、補充証拠を速やかに追加提出しなければならない。
　⑧相手方当事者がいる場合（例えば、商標無効宣告事件の申立人）、相手方当事者の人数に応じた部数の副本を提出しなければならない。

4）答　弁

　商標評審部門は受理後、請求書の副本及び関連証拠資料を被請求人に送達しなければならず、被請求人はかかる資料を受け取った日から30日以内に書面の答弁意見を提出しなければならない。

　商標評審部門は不登録決定不服再審に際して、元の異議申立人に対し、再審手続の参加及び意見提出の旨を通知するものとし、元の異議申立人は、請求書類の副本を受け取った日から30日以内に意見書及びその副本を提出しなければならない。

5）補正資料及び補充証拠資料の提出期限

　審査の過程において、商標評審部門が商標評審手続の請求書、答弁書類又は元の異議申立人の意見書の補正が必要と判断した場合は、当事者は補正通知書を受け取った日から30日以内に補正しなければならない。請求書が補正を経てもなお規定に適合しない場合、商標評審部門はそれを受理しない。当事者が所定の期限内に補正しなかった場合、又は被請求人／元の異議申立人が補正しても規定に適合しない場合には、請求人が評審手続の請求を取り下げた／被請求人が答弁しなかった／元の異議申立人が意見書を提出しなかったものとみなされる。

　当事者は商標評審の請求書を提出した後に、関連する証拠資料を追加提出することができる。請求書の初回提出後に請求人が関連する証拠資料を追加提出する必要がある場合、請求人はその旨を請求書に明記した上、かつ請求書の提出日から3ヶ月以内に補充証拠を一括して提出しなければならない。答弁書の提出後に被申立人が関連の証拠資料を追加提出する必要がある場合、その旨を答弁書に明記した上、かつ答弁書の提出日から3ヶ月以内に補充証拠資料を一括して提出しなければならない。なお、所定の期間満了後に提出した場合、商標評審部門はかかる証拠を相手方当事者に送達し、証拠質疑を行った上、それを採用することが可能である。

　不登録決定不服再審手続における元の異議申立人の意見陳述では、無効宣告又は取消再審における答弁とは異なり、原則として元の異議申立人は補充

証拠資料を追加で提出することができない。

6) 証拠質疑

　「商標評審規則」によれば、当事者が法定期限内に提出した証拠について、相手方当事者がいる場合、商標評審部門はその証拠資料の副本を相手方当事者に送達しなければならず、また、相手方当事者がそれを受け取った日から30日以内に質疑を行わなければならない。

　不登録決定不服再審における元の異議申立人の意見陳述は、無効宣告又は取消再審における答弁とは異なり、元の異議申立人の意見が事件の審理結果に実質的な影響を与えた場合にのみ、それを評審手続の根拠として、被申立人による証拠質疑が必要である。

　商標評審部門は、証拠質疑を経ていない証拠を採用しない。

7) 証拠規則

　「商標評審規則」第4章では、商標評審の実務経験に基づき、商標評審業務の特殊性及び司法審査における証拠の要件を十分に考慮した上で、評審手続における立証責任、証明、証拠の形式的要件、証拠の証明力の評価、証拠質疑等について明確な規定が設けられている。係争証拠には書証、物証、視聴覚資料、電子データ、証人の証言、鑑定意見、当事者の陳述等の種類があり、かつこれらは法院が証拠に課す要件と一致している。中華人民共和国以外で形成された証拠については、必要に応じて関連する規定に従って公証・認証手続を行わなければならない。また、外国語の書証又は資料には、中国語訳を添付しなければならず、もし中国語訳を提出しなければ、当該外国語の証拠は提出されなかったものとみなされる。

（3）商標評審手続の審理
1) 商標評審手続の審理の特徴
　①準司法的性格を有する行政手続
　商標評審手続の準司法的性格は以下の点に表れている。まず、中立的な立

場から、三人以上の奇数の審査官によって構成された合議体が多数決で審理を行うことである。次に、申立、答弁、証拠質疑等の手続が完全であり、評審決定の根拠となる主要な証拠は、当事者双方による証拠質疑を経たものでなければならないことである。さらに、当事者の知る権利、参加権及び答弁権が十分に保障されていることも挙げられる。また、行政的性格に関していえば、後続の司法審査が当事者間の知的財産民事訴訟ではなく、行政機関と当事者との間の行政訴訟であることに主に表れている。

②審理方法

ほとんどの評審手続は書面審理の方法で行われるが、当事者の申立又は審理の実際の必要に応じて、評審部門は口頭審理の実施を決定することができる。2017年5月、「商標評審口頭審理弁法」が公布・施行され、評審部門は商標局内に評審廷を設置し、また、条件が整った地域で知的財産権保護センターに拠点を持つ巡回評審廷を設置したことや、さらにリモート口頭審理等を通じて、評審手続における口頭審理の割合が徐々に高まるとともに、口頭審理の方法も次第に成熟し、一定の規則に沿ったもになりつつある。

③審理期間

2014年に行われた商標法の第3回改正において、評審手続の審理期間について新たな制限が設けられた。具体的には、拒絶査定についての再審、商標取消決定についての再審、無効宣告決定についての再審及び絶対的理由に基づく無効宣告決定についての審理期間は9ヶ月以内とされ、特別な事情により延長が必要な場合には、承認を経て3ヶ月延長することができる。また、不登録決定不服再審及び相対的理由に基づく無効宣告請求の審理期間は12ヶ月以内とされ、承認を経て6ヶ月延長することができる。

④和解や調停による商標権を巡る紛争の解決の推奨

和解とは、当事者間での協議を通じて商標権の権利確定紛争を自ら解決することを指し、当事者がその民事上の権利を処分することができるという「処分原則」を反映したものである。調停とは、評審部門が当事者を紛争解決の合意に導き、評審事件を終了させることをいう。和解又は調停の目的は、単に訴訟の終了を図ることだけでなく、最小の機会コストと時間コスト

で、最も便利な手続によって、各当事者のトラブル・紛争を適切に解決することでもある。

例えば、2005年に評審部門は歴史への尊重及び現実への配慮の観点から、調停を通じて「西泠印社」等7件の商標登録に関連する紛争の解決を遂げた。これにより、当事者双方にかかる2件の権利侵害訴訟事件においても、和解により訴訟が取り下げられることになり、6年にわたる紛争事件が円満な形で解決された。

商標権は知的財産権の一種として、一般の民事的権利と異なる特徴を有していることに鑑み、和解や調停により紛争を解決する場合には、商標権権利確定の一般原則に反してはならず、すなわち法に適合することを前提としなければならない。したがって、「商標評審規則」第8条では、和解や調停は社会公共の利益及び第三者の正当な権利利益が損なわれないように、これらに配慮することを前提として行われるべきことが強調されている。

⑤評審決定書の公開

2017年12月28日から、関連する規定に基づいて公開されない評審決定書を除き、すべての商標評審決定書は、当事者に郵送されてから20日後に商標評審部門のホームページにおける「評審文書」欄で公開されるようになった。

2) 拒絶査定不服再審における審査意見書制度

拒絶査定不服再審において、もし商標局の拒絶理由が正確でない又は完全でない場合、評審部門は職権によって中国の商標法第10条、第11条、第12条及び第16条第1項の規定に基づく全面的な審査を行い、拒絶理由を追加又は変更できる。この場合、出願人が新たな拒絶理由に対する抗弁と立証を行う権利を保障するために、評審部門は「審査意見通知書」を発行し、新たな拒絶理由を出願人に通知する。ただし、このような審査は商標の使用禁止及び登録禁止の関連事項に限定されており、登録した商標が他の先行権利を害したという相対的な拒絶理由又は引用商標を追加するものではない。

例えば、商標局は「万寿台」という漢字商標の拒絶査定不服再審におい

て、出願商標の文字が、下記の引用商標（図形と文字の組み合わせ商標）と類似商品における類似商標に該当することを理由としてその登録を拒絶したが、拒絶査定不服再審において、引用商標が既に商標局によってその登録を拒絶されているため、もはや権利の抵触は生じ得なくなった。ところが、引用商標の拒絶理由について、商標審査部門は「当該商標の図形部分は北朝鮮の国旗であり、また、「万寿台」という文字は北朝鮮の重要な地名であるため、もしこれらが商標として登録されたとすれば、消費者において誤認を生じさせやすく悪影響をもたらす」との判断を示した。この判断によれば、出願商標にも同様の問題があると考えられる。したがって、評審部門は出願人に「評審意見書」を発行し、最終的には登録禁止の関連条項に基づき当該商標の登録出願を拒絶した。

万寿台　　　　　　　　　　　　　

出願商標（商標出願番号：第685508号）　　　引用商標

3) 不登録決定不服再審
①審理の範囲
　不登録決定不服再審は、中国「商標法」第3回改正において、従来の異議申立再審を基礎として、新たに制定されたものである。当該事件にかかる評審と審理の対象となる範囲には、商標局が下した不登録決定不服再審の決定書の内容、異議申立人が再審手続で提出した事実・理由・主張、元の異議申立人の再審手続における意見陳述が含まれる。不登録決定不服再審の対象となる指定商品は、異議申立手続で却下された商品の全部又は一部に限られる。異議の理由は、元の異議申立人が商標局に提出した異議理由に限られ、また、元の異議申立人が再審に参加した場合に、審理の範囲は元の異議申立

人が再審手続で提出した意見陳述のうち、元の異議理由を超えない部分に限られる。商標局が下した異議決定書の内容が元の異議申立人の異議理由を超えた場合には、異議決定書における超過部分の異議理由は再審の範囲には含まれない。

　②相対的理由に関わる事件における証拠の形成時点・地域性に関する問題
　　相対的理由に関わる不登録決定不服再審においては、係争商標が登録出願当時に商標法の規定に適合していたか否かを判断するため、元の異議申立人によって提出された証拠のうち、係争商標の出願日前に形成されたものを重点的に審査すべきである。第6304198号「iPhone」商標事件を例にとると、不登録決定不服再審の決定書では、係争商標がアップル社の馳名商標「iPhone」の権利・利益を損なっているというアップル社の異議理由が採択されていない。この事件はかつて高い注目を集めており、国際社会が当該事件を誤解し、中国の知的財産権保護制度に対する疑問を持つに至ったエピソードもあった。その誤解は、証拠の形成時点及び知的財産権の地域性によるものである。

　まず、現在 iPhone は非常に有名な製品であるが、本事件の証拠で認定された事実を踏まえれば、アップル社は2007年1月に iPhone のグローバル発表イベントを開催し、2007年6月に米国で販売を開始した。その3ヶ月後、あるロシア企業が中国で係争商標を登録出願した。その2年後、iPhone というスマートフォン製品が中国本土市場に進出した。したがって、係争商標の出願日以前について、中国本土におけるアップル社による同社の「iPhone」商標の使用状況及び知名度を証明することは客観的に極めて困難である。

　次に、地域性は知的財産権の基本的特徴であり、したがって、異議申立人はその先行商標の中国「商標法」の効力の及ぶ地域（すなわち中国本土）における使用状況及び知名度を証明する必要がある。アップル社は、2007年1月に行った iPhone のコンセプトモデルの発表及び2007年6月に iPhone が米国で発売されることに関する情報が全世界に広まっていたことから、「iPhone」商標が一夜にして有名になったことは明らかなものと主張した。

114

しかし、本件の再審において、最高人民法院は当該主張は 2007 年の中国におけるインターネットの利用状況に合致せず、また、中国におけるアップル社による iPhone 商標の使用状況にも合致しないと判示した。

なお、「商標審査及び審理標準」に基づけば、評審手続において当事者が提出する中国本土以外で形成された証拠については、先行商標の国外における知名度が何らかの経路を通じて中国本土の公衆に伝わることを証明できれば、それを採用することができる。特に、デジタル化とグローバル化の進む現在においては、地域の範囲に関しては、証拠の形成地だけでなく、証拠の影響力の及ぶ範囲にも注目すべきである。例えば、「NUXE」（商標登録番号：第 3747592 号、指定商品：第 3 区分の化粧品など）事件において、2003 年 10 月 9 日に係争商標の登録出願以前に、異議申立人の商標「NUXE PARIS 及びツリー図形」は欧米や香港等の地域で比較的高い知名度を有していた。異議申立人は、中国のネットユーザーが同社の公式サイトにログインした履歴、及び中国の消費者がネット掲示板で書き込んだ当該ブランドに関するレビューの電子証拠を提出した。また、実際には海外で同ブランドの化粧品を購入して中国に持ち帰るという消費者も非常に多かった。そこで、被申立人は化粧品業の従事者及び香港にある化粧品会社の取締役として、異議申立人の商標の知名度を知っているべきであるにもかかわらず、被申立人は顕著性のある架空の単語「NUXE」を商標として登録出願したことは偶然とは言い難い。尚且つ、被申立人はその製品がフランスの技術を用いて製造されており、かつ香港企業からのライセンスを受けていることを宣伝していた。以上のことから、異議申立人の商標「NUXE PARIS 及びツリー図形」は中国本土においても一定の知名度を有しており、被申立人が係争商標を出願した行為は、「他人が先に使用し、かつ一定の影響力を有する商標を不正な手段で駆け抜け登録する」ことに該当すると判断された。

4）取消再審

実務において、取消再審に関わる最も主要な取消事由は、正当な理由なく三年間継続して商標を使用していなかったことである。2013 年「商標法」

改正において、商標が通用名称化したことが取消事由として新たに追加された。当該事由に起因する取消再審の件数はまだ少ないものの、審理の際に意見が分かれる場合が多いことが特徴である。

①3年間の不使用を理由とする取消についての再審

当該取消再審において、係争商標の使用行為に関する立証責任は商標権者にある。取消審判と異なり、取消再審で採用された証拠は当事者双方の質疑を経たものでなければならない。

商標権者には商標を使用する真実の意図があり、かつ実際に使用するための必要な準備があるが、その他客観的な事由により登録商標をまだ実際に使用していない場合には、正当な不使用の理由があると認められる。また、不可抗力、政府による政策的な規制、及び破産清算も正当な不使用の理由に該当する。上述の事由により「3年間」の期間を中止、中断、延長又は短縮してはならない。

また、2016〜2019年の統計データによると、取消審判手続では、係争商標の取消（一部の商品における取消を含む）の決定が下された事件の割合が急速に増加しており、また、取消再審手続にかかるこの割合はさらに高い。厳密に言えば、3年間の不使用を理由とする取消審判の制度趣旨は、悪意のある商標登録行為とは直接に関係するものではない。ただし、明らかに真実の使用意図を欠く悪意のある商標登録行為については、取消審判手続及びその再審手続において使用に関する証拠を厳密に審査することにより、商標の「買いだめ登録」に対する抑止力を発揮することができ、これもまた、出願制度を採用する中国の「商標法」が登録商標の使用義務をますます強化していることの表れである。

②普通名称化した商標の取消についての再審

商品の普通名称は、同じ業界の事業者及び多くの消費者に周知・共有されているものであり、もしある商標が普通名称になったにもかかわらず、その商標権者が排他的専有権を継続して持っているのであれば、それは当該商品の名称に対する独占になってしまう。公共資源の独占を防止することを目的として、登録商標がその指定商品の普通名称になった場合は、いかなる事業

者又は個人も商標局に当該商標の取消を請求することができ、その立証責任は取消審判の請求人にある。

登録商標がその商品の普通名称になった理由については、まず、商標権者による不適切な使用行為が考えられる。もし商標権者が自ら取得した商標権を商品の名称として使用・宣伝する場合には、かかる自己に不利な結果を自ら引き受けなければならない。一方、競合他社等の第三者が登録商標を商品名として使用し、又は他人が辞書、著作物及びメディア宣伝において商標を商品名として使用することを含む、他人の使用行為に起因する商標の普通名称化も考えられる。このような場合には、商標権者が権利を積極的に行使しているか、又は権利行使を怠っているかを区別する必要がある。もし商標権者が、他人が自分の商標を商品名として使用する行為を放置し、次第にその商標を普通名称化させた場合には、その不作為の結果を自ら引き受けなければならない。なお、商標権者が広告宣伝、声明及び行政救済、並びに訴訟等の各種の手段を通じて積極的かつ持続的に権利を行使しているにもかかわらず、権利侵害にあたる他人の使用行為によってかかる商標権が消滅してしまうのは、明らかに公平さを失することである。

「双十一」（商標登録番号：第 10136470 号。なお、「双十一」は、「ダブルイレブン」ともいわれる）取消再審事件を例にすると、「双十一」は 1993 年の「独身の日」に由来するものであり、アリババグループは 2009 年からこの日を EC セール日として販売促進活動を行っている。2011 年 11 月、アリババグループは「広告、販売促進」等の役務において商標「双十一」の登録出願を行い、2012 年 12 月に登録を許可された。2014 年 12 月、ある個人は当該商標が本役務の普通名称になったことを理由として商標局に当該商標の取消を請求した。商標局は、当該商標はアリババグループが独自に創造したものであり、かつ持続的な使用及び宣伝を経て、高い知名度を得ているため、商標としての顕著性があると判断した。それに加えて、請求人が提出した証拠は、当該商標が指定役務における普通名称になったことを証明するには不十分であると判断した。請求人は商標局の決定に不服として、商標評審部門に再審を請求したが、商標評審部門は審理を経て、「双十一」商標の登録を維持すると

いう同様の結論を下した。

　③普通名称化に関する異なる手続

　商標評審の実務において、商標の普通名称に関わる事件には2種類がある。1つは、固有の普通名称を商標として登録することである。例えば「リンゴ」を果物商品として登録出願することは、「商標法」第11条の規定に違反するため、無効宣告請求を通じてそれを是正しなければならない。これは、「商標法」第3回改正後においては第44条第1項が定めている事情に分類される。もう1つは、ある商標が登録出願時又は設定登録時において顕著性があったが、使用及び保護の不備があったため、その業界の普通名称になったことである。この種類の事件は商標の行政管理手続によって解決すべきであり、「商標法」第3回改正後においては第49条第2項が定めている新たな取消事由に分類される。

(4) 登録商標の終了

登録商標の無効宣告

　①申請による無効宣告

　2016〜2019年の統計データの平均値によると、66%の無効宣告請求が商標評審部門によって認められており、指定商品又は役務の全部又は一部における係争商標の登録が無効と宣告された。これは、審査過程に存在しうる不備の補完、先行権利者への救済、悪意のある商標登録の取り締まり、及び社会的監督の実現という機能を十分に果たしていることの表れであるといえる。

　また、上述の「iPhone」（商標登録番号：第6304198号、指定商品：第9区分の携帯電話）商標事件を例えると、商標法第13条に基づく馳名商標の保護に関するアップル社の異議申立理由は、不登録決定不服再審にて認められておらず、係争商標は2016年5月14日に登録を許可された。その1ヶ月後に、アップル社は商標評審部門に無効宣告を請求した。かかる無効理由のうち、不登録決定不服再審の異議理由と重複する部分は、「一事不再理」の原則により棄却されたが、アップル社は新たに中国の商標法第30条に基づく

理由を追加するとともに、新たな引用商標を追加した。当該引用商標の指定商品には、皮革製又は擬革製のモバイル電話機カバー（第18区分）が含まれており、当該商品と係争商標指定商品である旅券保護カバー（皮革製、第18区分）とが、原料、生産技術、及び機能・用途等の面で緊密な関連性を有している。したがって、商標評審部門は、引用商標の独創性及び知名度、並びに被請求人がそれを知っている又は知ることができたことを理由として、類似商品の判定基準を適度に引き下げ、個別事案にて係争商標と引用商標とが類似商品に使用される類似商標に該当すると判断し、係争商標の無効を決定した。

　悪意のある商標登録行為を規制し、審理基準の適用を完備・統一させるために、元の商標評審部門は、「類似商品及び役務区分表」の規定と異なった審理基準を制定しており、明らかに悪質な係争商標に対して、個別事案において類似商品の判断基準を適度に引き下げることができる。ただし、この場合には、次の2つの原則に従うべきであるとされている。1つは「一案一議」、すなわちケースごとに引き下げた判断基準を適用するものとし、当該判断基準は他の事件に対して拘束力を有しない。もう1つは、他の法令を適用する余地がない場合にのみ、引き下げた判断基準の適用が認められることである。かかる適用要件には、①先行商標が比較的高い顕著な特徴を有すること、②先行商標が一定の知名度を有すること、③係争商標が先行商標と比較的高い類似性を有すること、④係争商標の指定商品又は役務が、先行商標の指定商品又は役務と比較的高い関連性を有すること、⑤係争商標の権利者が明らかな主観的悪意を有すること、及び⑥係争商標の登録又は使用が、公衆の混同及び誤認を招きやすいことが含まれている。

　②無効宣告と取消審判との相違点

　中国の商標法上では、2013年の改正において初めて登録商標の無効宣告と取消審判が明確に区別された。両者の最も重要な相違点は法的効果の違いであり、商標無効を宣告すれば、商標登録が最初から無効とみなされる。一方、取消審判を経て商標登録の取消を決定されれば、取消公告日から係争商標にかかる商標権が消滅する。

取消審判の場合、取り消しの原因は、係争商標の権利付与又は権利確定手続に瑕疵はないものの、不当な使用行為又は不使用行為があり、それによって商標権が保護され続ける基盤を失うことにある。取消審判の趣旨は主として、商標権者に商標使用義務の履行を促し、商標によって商品の出所の識別が可能になるという基本的機能を実現することである。当該手続は商標使用行為に対する管理を具現化したものであり、商標行政管理機関の主要な職務である。よって、審査のポイントは商標登録後の使用過程における証拠である。

　一方、無効宣告の場合は、係争商標が登録出願時に商標法に規定された登録すべきでない事情が存在していた場合に用いられる。無効宣告の趣旨は主として、不当な商標登録を事後に是正することである。したがって、無効宣告の法的効果は当該商標の登録出願時に遡るべきであり、これは商標に関する紛争解決という商標評審手続の主要な機能の表れである。また、これに鑑みて、審査のポイントは当該商標の登録出願時の事実状態にかかる証拠であり、登録出願日前の証拠を判断の基本的な根拠とすべきである。なお、実際上では、無効宣告の対象となる商標が既に善意の第三者に譲渡されている場合がある。無効宣告は当該商標の登録出願時の事実状態によって判断されるべきであり、商標の譲渡行為又は善意の第三者が譲り受けた後の使用行為のいずれも、係争商標の登録出願時にかかる行為の性質を変えることができないため、商標の無効を免れることはできない。この場合の救済措置として、善意の第三者の利益を保護し、かつ、悪意のある商標登録行為をした者の法的責任をより重くするために、2013年改正の中国商標法第47条第3項では、本条第2項の規定により、商標権者が第三者に商標譲渡料、商標使用料（ロイヤリティ）等を返還しないことが明らかに公平の原則に反する場合には、その全部又は一部を返還しなければならないと規定されている。もっとも、譲渡人と譲受人の間で関連・関係があったことや共謀行為の存在が認められたこと、譲受人が譲り受けた後の使用中に意図的に他人の商標の評判に便乗して混同の可能性をさらに高めたこと、又は譲渡人が商標登録出願をしたのは使用目的ではなく販売によって利益を得るためであったことは、係争

商標の登録出願当時に悪意のあったことをさらに証明することができ、無効宣告される事由に該当される。

《参考文献》

一、英語文献

［1］ Guide to the Copyright and Related Rights Treaties Administered by WIPO and Glossary of Copyright and Related Rights Terms, WIPO Publication No. 891

［2］ JPO, Examination Guideline for Trademarks, https://www.jpo.go.jp/e/ system/laws/rule/guideline/trademark/kijun/index.html

［3］ JPO, The Trademark Examination Manual, https://www.jpo.go.jp/e/ system/laws/rule/guideline/trademark/syouhyoubin.html

［4］ JPO, Masayuki Ishida, Outline of Japanese Copyright Law, 2008.

［5］ Case Book of Intellectual Property Rights (1), JPO 2003, P133, The 3rd POPEYE Case「知的財産権判例選 (1)」、133 頁、第三「ポパイ」案、日本特許庁出版物。

［6］ Case Book of Intellectual Property Rights (3), JPO 2006, P75, "POPEYE" Case.

［7］ Characters and Merchandising Rights, JPO 2010, and collaborator: Asuka GOMI, Hiroyuki NAKAGAWA, Junichiro TSUCHIYA.

［8］ JPO, Trademark Disputes and Their Handling, 2000.

［9］ Teaching material for JPO/IPR training course for lawyers June 28 - July 16, 2010.
Introduction to Copyright Law. July 8, Kauro OKAMOTO.

二、日本語文献 (一部は英訳を参照した)

［1］ 遠藤誠／著：「中国商標権冒認出願対策」（中国改訂補足版）（平成 20 年度特許庁委託事業）https://www.jetro.go.jp/ext_images/world/asia/cn/ip/tm_misappropriation/2009061047400485.pdf

［2］ 工業所有権法（産業所有権法）逐条解説（第 21 版）https://www.jpo.go.jp/system/laws/rule/kaisetu/kogyoshoyu/chikujokaisetsu21.html

［3］ 日本特許庁：「審判便覧」（第 19 版）https://www.jpo.go.jp/system/trial_appeal/sinpan-binran.html

三、中国語文献

[1] 北京市第一中級人民法院知識産権庭編著：「商標権確認の行政審判に関する難問研究」、北京：知識産権出版社 2008 年版。

[2] 蒋志培、孔祥俊、夏君麗：「『最高人民法院による登録商標、企業名称と先行権利が抵触する民事争議案件の審理に関する若干問題の規定』に関する理解と適用」、「工商行政管理」2008 年第 8、9 期に掲載。

[3] 蒋志培：「『著作権民事紛争案件の審理に適用する法律の若干の問題についての解釈』を如何に理解し適用すべきか」、「人民司法」2002 年第 12 期に掲載。

[4] 「裁判官の思考」2009 巻。

[5] 北京市高級人民法院の著作権紛争案件の審理に関する若干問題の回答（京高法発字 ［1995］192 号）。

[6] 馮暁青編集長：「知的財産権権利抵触のテーマ解析と学理研究」、中国大百科全書出版社、2010 年版。

[7] 盧龍編著：「漢英法知的財産権辞典」、北京：知識産権出版社、2005 年版。

[8] 盧芳：「独創性標準と著作権紛争」、「中国知識産権報」2006 年 11 月 17 日、第 11 版に掲載。

[9] 袁雪石：「作品のキャラクターは同様に保護を受ける」／、「中国知識産権報」2005 年 4 月 1 日、第 15 版に掲載。

[10] 盧海君：「表題の商標法保護」、「中華商標」2008 年第 6 期に掲載。

[11] 祝建軍：「人格標識商業化に対するドイツ法での規制」、「中華商標」2008 年第 9 期に掲載。

[12] 日本国際協力機構 JICA：「中国商標実務者の研修課程」、2010 年 6 月 16 日－7 月 22 日。滝澤智夫：「日本審判制度概要」、7 月 21 日。

[13] 日本特許庁：「中国商標実務者の知的財産権研修課程」、2010 年 6 月 21 日－7 月 9 日。

　　豊崎玲子：「審判手続」、2010 年 6 月 28 日。

　　豊崎玲子：「審査手続」、2010 年 6 月 28 日。

　　芹田幸子：「商標権侵害訴訟」（判例研究）、2010 年 7 月 5 日。

　　大家重夫：「著作権法侵害事例」、2010 年 7 月 9 日。

【原著者紹介】

段　曉梅（DUAN, Xiaomei）

　1997 年に国家工商行政管理総局（部局名等は当時、以下同）に入局、商標評審委員会総合処、事件審理部第 1 処、事件受理部、事件審理部第 5 処副処長を経て、現在、国家知識産権局商標局評審 8 処処長。

　これまで商標の審判又は裁定承認を担当した各種の商標審判事件は 50,000 件近くにも及ぶ。2013 年〜2014 年には、中国「商標法」第 3 次改正に伴う「商標法実施条例」及び「商標審査規則」の改正に参画、2020 年〜2021 年には「商標審査審理指南」の改正にも参画するなど、法規制定において重要な役割を果たす。

　日本を含む海外での活動も豊富であり、2010 年に世界知的所有権機関（WIPO）による研究奨学金プロジェクトに参加し来日。また、2016 年〜2017 年に、イギリス外交・連邦事務部のチーヴニング奨学金を得て、イギリスにて国際知的財産法 LL.M. コースを修了。

　出版物として、『商標権と先行著作権との権利抵触問題』（中国知的財産出版社）、『商標法の理解と適用』（共著、中国工商出版社）、中国の小学校・中学校の知的財産権法教科書、『全国知的財産権専門技能試験教科書』、『アメリカ意匠法による保護』、『商品、役務と商標』（編著）、『知的財産権の基礎知識』別冊、『全国小学校・中学校知的財産権教育の模範読本』、『地理的表示の法的問題』（共訳。著者：Dev Gangjee）などがある。

【訳者紹介】

但見　亮（TAJIMI, Makoto）

　一橋大学法学研究科教授。専門は中国法。主要な著書として、単著『中国夢の法治：その来し方行く末』（成文堂、2019 年）、共著『教養としての法学・国際関係学：学問への旅のはじまり』（国際書院、2024 年）、共著『中国不法行為法の研究：公平責任と補充責任を中心に』（成文堂、2019 年）などがある。

王　熠（WANG, Yi）

　錦天城法律事務所外国法共同事業パラリーガル。一橋大学大学院法学研究科修士課程修了。主要な論文として、「『商品化権』保護に関する商標行政訴訟事例」国際商事法務 Vol.50, No.5（2022 年）や「コンテンツ題名・キャラクター名に係る商標の抜駆け出願対策のあり方：日中の司法実務を中心に」一橋法学第 21 巻第 3 号（2022 年）などがある。

中国における商標権と先行著作権
―――事例による日中比較研究―――

2024 年 10 月 1 日　初　版　第 1 刷発行

著　者	段　　　　暁　　　梅
訳　者	但　　見　　　亮
	王　　　　　　熠
発 行 者	阿　部　成　一

〒 169-0051　東京都新宿区西早稲田 1-9-38
発 行 所　　　株式会社　成　文　堂
電話 03(3203)9201(代)　Fax (3203)9206
http://www.seibundoh.co.jp

印刷・製本　シナノ印刷
©2024　M.Tajimi　Y.Wang　　Printed in Japan
☆乱丁・落丁本はおとりかえいたします☆
ISBN 978-4-7923-3443-7　C3022　　　検印省略

定価（本体 3500 円＋税）